AF359427

PRÉCIS

POUR Pierre de Barbot de Plaine-Selve, ancien Officier d'Infanterie; & Jean-Baptiste de Barbot de Larcis, son Frere, ancien Garde-du-Corps du Roi, Ecuyers.

CONTRE M. l'Inspecteur Général du Domaine de la Couronne.

ET les prétendus Syndic, Habitans & Communauté de Saint-Martin de Mazerac, dépendant de la ville de Saint-Emillion, en Guienne.

UNE contestation affreuse est suscitée aux sieurs de Barbot, sur leur Noblesse; mais ils ont bien moins à y combatre des moyens, que des passions, des inimitiés & des emportements: on en jugera par le tableau racourci des faits. Nos Lecteurs se persuadront sans peine qu'avec de tels sentiments, les

A

Adverfaires n'ont pas manqué de fe livrer avec chaleur à de longues Procédures; nous n'en donnerons ici qu'une idée très-fuccinte: notre principal objet eft de préfenter les preuves de la Nobleffe des fieurs de Barbot.

FAIT.

Une multitude de perfonnes fous le faux prétexte de priviléges ou d'une Nobleffe qu'elles ne poffédoient point, fe déroboient chaque jour en Guienne, à la loi des Impofitions publiques, dont le poids retomboit tout entier fur de malheureux Contribuables trop foibles & trop timides pour ofer réclamer.

Protectrice des opprimés, la Cour des Aydes enjoignit par différents Réglements, d'impofer indiftinctement à la Taille, tous fes jufticiables, fauf à ceux qui fe prétendroient Nobles ou privilégiés à en venir juftifier.

Cette juftification, pour être faite fans furprife, demandoit un ordre particulier de procédure; c'eft ce que la même Cour a fixé par un Réglement du 27 Juillet 1754.

L'article premier de ce Réglement porte que ceux qui fe pretendent Nobles, foit qu'ils aient été impofés à la Taille, foit qu'on les ait inférés dans les tableaux des Collecteurs, au nombre de ceux qui font fujets à la collecte, faute d'avoir fait la remife & repréfentation de leurs titres de Nobleffe, en exécution des Réglements de cette Cour, feront tenus d'y donner leur Requête, & d'y joindre les piéces juftificatives d'icelle.

Les autres articles pourvoient avec fageffe à la maniere dont les Paroiffes & Communautés doivent avoir communication de la Requête & des titres du prétendu Noble, pour défendre à fa demande.

Le fieur de Barbot de Larcis s'étoit marié à Saint-Emillion, d'où dépend Saint-Martin de Mazerac, & y avoit fixé fa réfidence. Il n'avoit pas encore fatisfait aux Réglements de la Cour des Aydes; la juftification de fes titres de Nobleſſe n'étoit pas faite. Il fut impoſé à la Taille en 1760. Son frere qui n'étoit pas plus en regle que lui, étoit menacé d'éprouver le même ſort à Coutras où il réſidoit.

A l'exemple des autres Gentilshommes de la Province, les ſieurs de Barbot ſuivirent la voie qui leur avoit été preſcrite par l'Arrêt de la Cour des Aydes, pour ſe garantir du paiement de la Taille. Ils préſenterent une Requête à cette Cour le 13 Décembre 1760; à la Requête ils joignirent leurs titres de Nobleſſe, & demanderent qu'il fût ordonné qu'ils continueroient de jouir des qualités de Nobles & d'Écuyers à eux tranſmiſes par leurs auteurs, avec défenſe de les y troubler.

Cette Requête & les Piéces ayant été communiquées, en vertu d'un Arrêt, aux habitans de Saint-Emillion & de Coutras, ces deux Communautés reconnurent dans une aſſemblée tenue à cet effet, que la nobleſſe des ſieurs de Barbot étoit inconteſtable; & elles délibérerent qu'elles n'entendoient nullement leur diſputer les qualités de Nobles & d'Ecuyers. Telle eſt la maniere dont ſe ſont expliquées, ſur la nobleſſe des ſieurs de Barbot, les perſonnes qui avoient le plus d'intérêt à la combattre; & tout le monde ſçait combien cet intérêt eſt vif dans le Bourgeois par jalouſie contre le Noble, & dans le Payſan, pour diminuer le fardeau de ſon impoſition perſonnelle.

D'après cette délibération qui fut ſignifiée aux ſieurs de Barbot, ils retournerent à la Cour des Aydes pour obtenir l'effet de leur demande. Elle fut communiquée au Procureur Général, qui déclara dans un dire du 13 Janvier 1761, que la Nobleſſe des ſieurs de Barbot étant bien établie & conſtatée par les titres & les actes qu'ils rapportoient, il n'empêchoit que leurs concluſions leur fuſſent adjugées.

C'eſt d'après de telles précautions que la Cour des Aydes rendit un Arrêt le 21 Février 1761 dont il eſt néceſſaire de rappeller les termes.

« Dit a été que la Cour faiſant droit ſur les Concluſions » du Procureur Général du Roi, a ordonné & ordonne

A ij

» que lefdits de Barbot continueront de jouir de la quali-
» té de Nobles & d'Ecuyers, ainfi & de la même maniere
» qu'ils en ont joui & jouiffent actuellement : fait ladite
» Cour inhibitions & défenfes à toutes perfonnes , & aux
» habitans des Paroiffes où ils font & pourront faire
» dans la fuite leur domicile, de les y troubler, à telle
» peine que de droit, & de tous dépens , dommages & in-
» térêts ; ordonne au furplus que le préfent Arrêt fera
» tranfcrit dans les Tableaux des Communautés de Cou-
» tras & de Saint-Êmillion , dans lefquels lefdits de Bar-
» bot feront mis dans la colonne des Nobles, exempts &
» privilégiés ».

Signification de cet Arrêt aux habitans de Saint-Emillion. Ils ôtent du rôle des Tailles le fieur de Barbot de
Larcis qu'ils y avoient mis pour la premiere fois, & le
placent dans la colonne des Nobles & privilégiés

Réfolu de faire valoir déformais par valets & gens de
journées, fon Domaine de Larcis fitué dans la paroiffe de
Saint-Martin de Mazerac, qui fait partie de la Communauté de Saint-Emillion , le fieur de Barbot de Larcis en
fit fa déclaration conformément aux Loix, au Greffe de
l'Election de Bordeaux, par acte du 28 Juin 1762, qui fut
fignifié aux Collecteurs de la Paroiffe , le 29 Août fuivant.

Sans aucun égard pour cet acte, les Collecteurs excités
par deux Notaires ennemis du fieur de Barbot de Larcis ,
oferent impofer fon valet à la Taille, fous le titre fuppofé
de *Bordier ou prix-faiteur*.

C'étoit à la fois braver les droits de la naiffance du fieur
de Barbot de Larcis, l'Arrêt de la Cour des Aydes qui
avoit conftaté fa nobleffe , & l'acte qu'il avoit fait figni-
fier pour jouir des exemptions qui en font une des princi-
pales prérogatives.

Affignation aux Collecteurs , devant l'Election de Guienne , pour voir caffer cette cottifation comme contraire
aux Réglements de la Cour des Aydes & aux priviléges
des Nobles.

Il fe forme une ligue : Cofte, Notaire, & Ducarpe fon

confre en font les chefs. Ils font les derniers efforts pour réunir & animer tous les habitans contre les fieurs de Barbot. Ils ne peuvent furprendre que trente malheureux payfans à qui ils font figner une délibération où ils donnent pouvoir au nommé Boireau, Syndic, de fe préfenter en l'Election, d'y foutenir la cottifation jufqu'à Jugement définif, d'emprunter, & de préfenter Requête à M. l'Intendant pour faire autorifer cette délibération.

M. l'Intendant qui fçavoit que la Communauté de S. Emillion & de Mazerac étoit compofée de plus de trois mille habitans, ne put voir fans indignation un acte qu'on lui préfentoit comme le vœu de tous : Il reconnut fans peine l'ouvrage de la paffion & de l'animofité; il rejetta avec mépris la Requête que Boireau lui préfenta.

Un pareil échec auroit dû contenir la ligue : il ne fit que l'aigrir davantage. Boireau excité par ceux qui le mettoient en mouvement, intervint de fon autorité privée, & fans l'attache de M. l'Intendant, & contre fes défenfes, dans la conteftation pendante devant les Elus, entre le fieur de Barbot de Larcis & les Collecteurs; il prit leur fait & caufe, & eut la témérité d'attaquer la nobleffe des fieurs de Barbot, fous prétexte que l'Arrêt de la Cour des Aydes, du 21 Février 1761 dont nous avons parlé, ne lui avoit pas été fignifié; & il conclut à ce que la cottifation du domeftique du fieur Barbot de Larcis fût déclarée bonne & valable.

Cet Arrêt fut fignifié à Boireau. La réflexion corrigea les écarts de l'imprudence; ce Syndic, par une Requête du 16 Mai 1763, déclara expreffément *qu'il reconnoiffoit le fieur Jean-Baptifte Barbot pour Ecuyer, & qu'il n'entendoit nullement lui contefter fa Nobleffe.*

Par-là tout fembloit devoir être terminé : mais Boireau qui ne pouvoit plus défendre la cottifation par le prétexte qu'il avoit d'abord pris, & qu'il venoit d'abandonner, en foutint la validité par une autre chimere. Il prétendit qu'elle devoit fubfifter, parce qu'elle avoit été faite fur un homme qui étoit un taillable acquis au Roi; comme si tous les jours un homme qui a été assujetti à la Taille, ne se dégageit pas de cette imposition, par quelque franchise ou par quelque privilége.

On pense bien que la singularité de ce systême ne dut pas réussir. Aussi l'Election rendit-elle, le 17 Mai 1763, une Sentence qui cassa la cottisation, avec défense d'y assujettir le nommé Laveau tant qu'il seroit le valet du sieur de Barbot de Larcis. Ce dernier affirma que son valet ne prenoit directement ni indirectement aucune portion dans les fruits du Domaine en question: & il fut réservé aux Collecteurs de comprendre ce particulier dans leur rôle, à raison de ses biens propres & facultés personnelles.

Cette Sentence ne servit de leçon ni à Boireau, ni à ceux qui le faisoient agir. Coste & Ducarpe ramasserent de nouveau les mêmes paysans à qui ils avoient fait signer la délibération du 30 Avril 1763, & leur en firent signer une autre, par laquelle ils donnerent pouvoir à Boireau d'interjetter appel de la Sentence de l'Election, d'attaquer la noblesse des sieurs de Barbot, & de former opposition à l'Arrêt de la Cour des Aydes, du 21 Février 1761, qui l'avoit vérifiée.

Ici l'affaire devient un peu plus sérieuse. Boireau ainsi étayé, mais sans autorisation de M. l'Intendant, qu'il n'osa même plus consulter, quoique les Loix lui en fissent un devoir, se conforma au vœu de la faction; & les sieurs de Barbot se trouverent de nouveau troublés dans la possession de leur état.

On voit bien sensiblement que cette opposition que Boireau forma en effet à l'Arrêt du 21 Février 1761, n'étoit pas admissible. Cet Arrêt avoit été & précédé & suivi d'acquiescements les plus autentiques & les plus formels à la noblesse des sieurs de Barbot. C'étoit la Communauté entiere de Saint-Martin de Mazerac & de Saint-Emillion qui l'avoit reconnue dans une délibération prise dans une assemblée générale; comment pouvoit-il dépendre de quelques turbulents d'anéantir ce que leur Communauté avoit fait? Boireau de son côté avoit lui-même déclaré en Jugegement, qu'il ne conteſtoit pas aux ſieurs de Barbot leur qualité de Gentishommes : quel ſuccès pouvoit-il donc eſpérer en formant ſon oppoſition ? Il n'eſt pas douteux qu'il n'y fût non-recevable. Les ſieurs de Barbot firent valoir ce moyen. Boireau crut qu'il l'écarteroit en prenant des Lettres de reſciſion contre l'acquieſcement qu'il avoit donné. Le prétexte de ces Lettres ne dérivoit que de la mauvaiſe foi. Boireau prétendoit qu'il n'avoit point donné de pouvoir à ſon Procureur à l'Election, pour reconnoître que les ſieurs de Barbot étoient Nobles. Il falloit donc qu'il prît la voie du déſaveu contre ce Procureur ; il n'oſa pas le faire ; la fin de non-recevoir reſtoit dans toute ſa force. Cela n'empêcha pas que les ſieurs de Barbot ne remiſſent de nouveau leurs titres ſous les yeux de la Cour des Aydes. Leurs Adverſaires les examinerent ; ils oſerent même les critiquer.

C'eſt d'après l'inſtruction la plus vive & la plus animée, que la Cour des Aydes a rendu, le 5 Septembre 1765, en très-grande connoiſſance de cauſe, l'Arrêt qui a vengé les ſieurs de Barbot des outrages qu'on leur avoit faits. Voici les diſpoſitions de cet Arrêt.

« La Cour ſans s'arrêter aux Lettres de reſtitution priſes » par ledit Guillaume Boireau, ſoi-diſant Syndic de la pa- » roiſſe de Saint-Martin de Mazerac, le 17 Août dernier, » non plus qu'à l'oppoſition par lui formée à l'Arrêt de la » Cour du 21 Février 1761, dans leſquelles elle l'a déclaré » non-recevable, a mis & met ſur l'appel interjetté par » ledit Boireau, de la Sentence des Elus de Guienne, du » 17 Mai 1763, les Parties hors de Cour & de Procès ; » ordonne que ce dont eſt appel ſortira ſon plein & entier » effet ; condamne ledit Boireau aux amendes par lui en- » courues tant à raiſon de ſon appel, qu'à raiſon de ſon » oppoſition ; au ſurplus a déclaré & déclare le préſent » Arrêt commun avec les Collecteurs de la paroiſſe de » Saint Martin de Mazerac pour l'année 1763, condamne » Boireau & Conſorts aux dépens ».

Les habitans de Saint-Martin de Mazerac ont entaſſé

Requêtes fur Requêtes pour furprendre au Confeil, la caffation de cet Arrêt. Tout a été mis en ufage dans ces Requêtes. L'infidélité, le menfonge, la calomnie, & les qualifications les plus odieufes; les larmes même, bien affurés de leur efficacité fur le cœur du meilleur de tous les Rois, les Adverfaires ne les ont pas négligées.

Le Confeil a d'abord ordonné que les Requêtes & les Piéces feroient communiquées à M. l'Infpecteur Général du Domaine pour donner fon avis.

A la vue de ces Piéces, M. l'Infpecteur a découvert que les habitans de Saint-Martin de Mazerac étoient non-recevables dans leur demande en caffation; & il a conclu à ce qu'ils fuffent déclarés tels par l'Arrêt à intervenir. Mais comme ces habitans avoient eu la mauvaife foi de joindre à leur production, de faux titres, pour rendre fufpecte la nobleffe des fieurs de Barbot; qu'ils avoient jetté la plus grande confufion dans leur Généalogie; qu'ils avoient attribué à la ligne directe, dans laquelle font les fieurs de Barbot, des dérogeances qui ne fe trouvent que dans la ligne collatérale qui ne les concerne point; M. l'Infpecteur féduit & trompé par ces fauffes indications, s'eft cru forcé d'interpofer fon miniftere; & a conclu d'office à ce qu'en déclarant les habitans de Mazerac non-recevables dans leur demande en caffation, faifant droit fur fon réquifitoire, & fans s'arrêter aux Arrêts de la Cour des Aydes de Guienne, des 11 Février 1761 & 5 Septembre 1765, les fieurs de Barbot fuffent déclarés Roturiers, impofés à la Taille, & comme ufurpateurs de Nobleffe, condamnés en l'amende.

Il eft intervenu Arrêt, le 20 Octobre 1770, par lequel le Confeil ayant égard aux Requêtes des habitans de Saint-Martin de Mazerac, & à celle de l'Infpecteur Général du Domaine, a caffé les Arrêts de la Cour des Aydes, a évoqué les demandes & conteftations jugées par ces Arrêts, & pour y faire droit, a ordonné que les Parties procéderoient au Confeil, conformément à la Déclaration du Roi de 1729; & que le furplus de la Requête de l'Infpecteur

teur Général du Domaine, feroit communiqué aux fieurs Barbot, ainfi qu'aux Syndic & Communauté de Saint-Martin de Mazerac, pour y fournir de réponfe dans le délai du Réglement; & cependant ordonne que par provifion, les fieurs de Barbot feront impofés à la Taille en la maniere accoutumée.

A la nouvelle de cet Arrêt, toute la Province a femblé frappée du même coup. Elle a vu avec la plus vive douleur, qu'une famille à laquelle les meilleures Maifons du pays, s'étoient toujours fait gloire d'appartenir, fe trouvoit tout à coup avilie. L'indignation publique n'en a fait que redoubler contre les auteurs d'une pareille furprife. Et comme on y a préfenté le cri de la paffion la plus envenimée, pour celui des Loix enfreintes, les fieurs de Barbot fe préfentent aujourd'hui pour éclairer cette erreur, s'oppofer à l'Arrêt du Confeil furpris fur Requête non communiquée; faire voir que les habitans de Saint-Martin de Mazerac font non-recevables & mal fondés dans leur demande en caffation des Arrêts de la Cour des Aydes; & que M. l'Infpecteur Général du Domaine n'eft pas mieux fondé que ces habitans dans la demande en caffation qu'il a formée de fon chef, de ces mêmes Arrêts.

MOYENS D'OPPOSITION.

Nous diviferons ces moyens en deux parties; dans la premiere nous établirons plufieurs fins de non-recevoir contre les habitans de Saint-Martin de Mazerac; nous répondrons en même temps aux moyens de caffation qu'ils ont employés contre les Arrêts de la Cour des Aydes de Guienne. Dans la feconde nous préfenterons les preuves de la Nobleffe des fieurs de Barbot, & nous écarterons par-là les efforts qu'on a faits pour attaquer cette Nobleffe.

PREMIERE PARTIE.

§. I.

Fins de non-recevoir.

Les fins de non-recevoir que nous allons employer, n'ont pas pour motif de difpenfer les fieurs de Barbot de defcendre dans la juftification de leur nobleffe ; il ne leur en coûte rien d'en adminiftrer la preuve à M. l'Infpecteur Général du Domaine, qui feul a le droit de la demander ; Ils fe propofent uniquement ici d'arrêter les éternelles chicanes de cette troupe de factieux, & de lui faire fupporter perfonnellement, fans répétion contre le corps de la Communauté, que les fieurs de Barbot n'auroient pas le droit d'attaquer, les frais énormes auxquels on a expofé ces derniers pendant un fi grand nombre d'années de procédures.

Premiere fin de non-recevoir ; nomination vicieufe de Boireau, Syndic.

Boireau qui figure dans l'Inftance pour les habitans de Mazerac, n'a cependant aucune qualité légitime. Il prend celle de Syndic de la Communauté : jamais elle ne l'a nommé ni reconnu pour tel ; car on n'appellera pas la Communauté de Mazerac, qui eft compofée de plus de fix cents Taillables, une trentaine de payfans féditieufement attroupés par un Notaire, ennemi juré des fieurs de Borbot. Nulle affemblée en forme n'a été tenue pour l'Election de ce prétendu Syndic ; il n'en a été fait au Prône de la Paroiffe aucune annonce ni indication, comme l'exigent les Réglements, & notamment la Déclaration de 1683. L'attroupement dont il s'agit, n'a été préfidé, comme on le penfe bien, ni par le Juge, ni par le Curé, ni par aucune perfonne de confidération, quoique cette Paroiffe en foit remplie. Tout ce qu'il y avoit de perfonnes honnêtes s'eft refufé à une entreprife auffi paffionnée & auffi injufte ; qu'elle peut donc être une élection faite en de pareilles circonſtances ? Elle n'eſt que la honte de la perſonne élue.

Voudroit-on conſidérer Boireau comme véritable Syn-dic, & muni des pouvoirs de ſa Communauté, il en réſul-teroit encore une fin de non-recevoir non moins efficace. Il eſt en effet prouvé par les actes de procédure, que Boi-reau avoit d'abord oſé conteſter la nobleſſe des ſieurs de Barbot ; que ſon prétexte étoit pris de ce que l'Arrêt de la Cour des Aydes, du 21 Février 1761, qui les avoit maintenus dans leur état, ne lui étoit pas réguliérement connu ; mais qu'après que la ſignification lui en a été faite, il a formellement & très-expreſſément déclaré dans une Requête, reconnoître les ſieurs de Barbot pour *Ecuyers*, & ne vouloir point leur conteſter leur qualité de *Nobles*.

Ce n'eſt pas le ſeul aveu qui ſoit ſorti de ſa bouche à cet égard. Après avoir fait la déclaration judiciaire & au-thentique dont nous venons de parler, ce prétendu Syndic n'en a pas moins ſoutenu la validité de la cottiſation de Laveau, valet du ſieur de Barbot de Larcis ; & cela ſous le prétexte ſuppoſé que Laveau n'étoit qu'un colon partiaire ou prix-faiteur déguiſé ſous le nom de valet. C'étoit bien reconnoître qu'en ſuppoſant la qualité de ce valet réelle, ſon exemption de la Taille étoit juſte, & que le ſieur de Barbot, en qui ſe trouvoit le droit & le privilége d'exemp-ter ce valet, étoit véritablement *Noble*.

Tout le monde ſçait que les Communautés ne peuvent s'engager dans aucun Procès ſans l'attache de l'Intendant de la Province. L'Edit du mois d'Avril 1683 & la Décla-ration du 2 Août 1687, veulent que les Maires, Eche-vins, Syndics & Communautés ne puiſſent intenter au-cune action, ni commencer aucun Procès au nom de la Communauté, *tant en Cauſe principale que d'appel, ni ordonner des députations*, ſans en avoir obtenu le conſen-tement dans une aſſemblée, dont l'acte doit être autoriſé d'une permiſſion par écrit de l'Intendant de la Généralité.

Une Déclaration du 2 Octobre 1703, en renouvellant ces difpofitions, prononce des peines contre ceux qui négligeront de les obferver. Elle rend les Maires, Echevins, Syndics, &c. garants: & défend aux Procureurs d'occuper, qu'il ne leur foit apparu de la permiffion des Commiffaires départis, *à peine de nullité*.

. Une Déclaration du 13 Avril 1761 contient à ce fujet des difpofitions qu'il convient de rappeller.

. « Lorfque les habitans d'une Communnauté, porte l'ar-
» ticle 12, auront fuccombé dans un Procès, foit en de-
» mandant foit en défendant, fur le fait des Tailles, fans
» avoir été préalablement autorifés par les fieurs Inten-
» dants & Commiffaires départis, voulons en ce cas, que
» les condamnations de frais & de dépens, dommages &
» intérêts, ne foient fupportées que par ceux qui auront
» figné ou approuvé la délibération, fans que les autres
» habitans qui n'auront pas adhéré à la délibération, foient
» tenus de fupporter aucune portion defdites condamna-
» tions ».

L'article 13 s'explique ainfi, « & quand les délibérations
» des Communautés ne feront ni autorifées par l'Intendant
» Commiffaire départi, ni fignées ou avoués par un nom-
» bre d'habitans qui porteront entr'eux au moins moitié
» de la Taille de la Paroiffe ; *permettons en ce cas d'oppo-
» fer aux Délibérans procédans fous le nom des habitans,
» la fin de non-recevoir* ».

Boireau & fes adhérans connoiffoient les Loix qui les aftreignoient à fe faire ainfi autorifer, avant d'inquiéter les fieurs de Barbot fur leur état: pour fe garantir des peines portées par ces Loix, ils ont tenté de furprendre cette autorifation par une Requête qu'ils ont préfentée au Commiffaire départi ; ma's ce Magiftrat ayant découvert les principes d'animofité qui les guidoient contre des perfonnes qu'il connoiffoit être véritablement *Nobles*, a rejetté avec indignation la Requête préfentée, & a refufé fon autorifation.

Les habitans de Saint-Martin de Mazerac font certaine-ment non-recevables à attaquer l'Arrêt de la Cour des Aydes, du 21 Février 1761, si cet Arrêt a été rendu avec eux; or c'est un fait dont on ne peut douter. Ces habitans de Saint - Martin de Mazerac font autant de membres de la Communauté de Saint-Emillion; la pa-roisse de Saint-Martin de Mazerac est un des fauxbourgs de la Ville; les habitans de cette Paroisse ne forment point de Communauté particuliere; ils font de la corporation de la Ville, & ne font avec elle qu'une même Cité; c'est ce qui a été prouvé dans l'Instance par des certificats des Jurats & du Curé; & par une infinité d'autres moyens. Tous ces habitans, soit de Mazerac, soit de Saint-Emil-lion, ont été appellés, lors de l'Arrêt de 1761 dont il s'agit, pour avouer ou contester, ainsi qu'ils avoient inté-rêt de le faire, les titres de noblesse que les sieurs de Bar-bot avoient mis sous les yeux de la Cour des Aydes; & c'est dans une assemblée générale convoquée par Billets, & tenue en la maniere accoutumée, que ces habitans ont délibéré n'avoir aucun reproche à faire ni aux titres ni à la noblesse des sieurs de Barbot. Cette délibération, après avoir été signifiée à ces derniers, a été adressée à M. le Procureur Général; l'Arrêt est intervenu en conséquence & sur les Conclusions de ce Magistrat; les habitans de Mazerac y ont donc été Parties; ils font donc non-rece-vables à l'attaquer.

Pour donner lieu à la fin de non-recevoir, il ne seroit pas même nécessaire que l'Arrêt fût contradictoire avec ces habitans: il suffiroit qu'il l'eût été avec le Procureur Général. Il est certain que tous les Arrêts qui prononcent sur l'état des personnes, dès-lors qu'ils ont été rendus contradictoirement avec le ministere public, acquierent par cela seul, toute l'autorité de la chose jugée, même vis-à-vis de ceux qui pourroient y avoir quelqu'intérêt & qui n'y au-roient pas été parties. Ce principe est consigné dans la Loi 15, au digeste *de Statu hominum: Ingenuum accipere debe-mus*, dit cette Loi, *etiam eum de quo Sentenia lata est, quamvis fuerit libertinus, quia res judicata pro veritate accipitur.* Cette maxime a singuliérement lieu dans toutes les Caufes de Nobleffe, comme l'attefte Mornac fur cette Loi *Ingenuum*, où il s'explique ainfi, *quotidianus hic textus ut fententia lata in cafu ftatûs, facit jus quoad omnes, maximè verò, ubi de Nobilitate agitur.* Et ce qu'il y a de bien remarquable, c'eft que le défenfeur des Adverfaires a lui-même foutenu avec force & fuccès, cette maxime dans l'affaire du fieur de Melet, plaidée récemment aux Requêtes de l'Hôtel : ce qui a fait fon triomphe alors, doit opérer aujourd'hui fa défaite. S'il en étoit autrement, il s'en fuivroit (abfurdité bien frappante !) que les fieurs de Barbot ne feroient jugés Nobles, & ne devroient jouir des priviléges de la Nobleffe, qu'à Saint - Emillion & à Coutras ; il en réfulteroit qu'ils feroient obligés d'obtenir autant d'Arrêts qu'il y auroit de Communautés, & même d'habitans à qui il plairoit de s'oppofer à l'exécution des Jugements déjà rendus fur cette nobleffe, dans lefquels ils n'auroient pas été parties ; c'eft-à-dire, qu'il n'y auroit jamais de fin aux Procès ; & que la Nobleffe, cette marque diftinguée de la vertu, & qui n'en doit être que la récompenfe, n'en feroit néanmoins que le fléau : l'on ne fe joue point ainfi de l'état des hommes.

En réfumant les fins de non-recevoir que nous ayons oppofées aux Adverfaires, on voit qu'il ne fçauroient attaquer l'Arrêt de la Cour des Aydes du 21 Février 1761, puifque cet Arrêt a été rendu avec eux, qu'ils l'ont exécuté, qu'ils n'ont point l'attache de M. l'Intendant, & qu'enfin ils ont eux-mêmes en plus d'une occafion, reconnu & avoué la Nobleffe d'extraction dans laquelle cet Arrêt a maintenu les fieurs de Barbot.

Il doit paroître fingulier de voir quelques-uns des habitans de Mazerac s'élever avec acharnement contre la Nobleffe des fieurs de Barbot, tandis que la Communauté de Coutras, où réfide le fieur de Barbot de Plainefelve, non moins intéreffée à critiquer cette Nobleffe que l'autre Communauté, n'a pas ofé l'entreprendre. D'où peut

venir cette différence ? c'eſt parce que les habitans de Coutras ſe rendent plus de juſtice ſur les fins de non-recevoir
qu'on auroit auſli à leur oppoſer ; parce que la nobleſſe
des ſieurs de Barbot leur eſt parfaitement connue ; parce
qu'ils l'ont publiquement avouée ; parce qu'enfin ils ſont
aſſez heureux pour n'avoir point dans leur Communauté
des *Coſtes & des Ducarpes.*

§. I I.

*Diſcuſſion des moyens de caſſation employés par les Syndics
& habitans de la paroiſſe de Saint-Martin de Mazerac ,
contre l'Arrêt de la Cour des Aydes de Guienne du 21
Février 1761 , & contre celui du 5 Septembre 1765 , rendu
par la même Cour , confirmatif du premier.*

Comme l'Arrêt du 5 Septembre 1765 n'a fait que confirmer celui du 21 Février 1761 , en propoſant leurs moyens
de caſſation contre celui-ci , les Adverſaires en font réſulter la néceſſité de caſſer l'autre. Ils prétendent pour premier
moyen que lors de cet Arrêt de 1761 qui a vérifié la nobleſſe des ſieurs de Barbot , la Cour des Aydes leur a accordé d'une maniere déguiſée , un anobliſſement qu'ils
n'avoient pas : ce qui , diſent-ils , eſt un attentat éclatant
contre la ſouveraine autorité , à laquelle ſeule il appartient
de faire des Nobles. Et pour établir cette maxime qu'on
ne ſauroit dénier ſans honte , ils ſe ſont épuiſés en recherche & en doctrine inutiles.

Eh ! oui , ſans doute , le droit d'anoblir eſt un droit éminent , réſervé à la ſeule perſonne du Souverain ? Que ré-
ſulte-t-il de ce principe inconteſtable ? Que la Cour des
Aydes n'a pas dû anoblir les ſieurs de Barbot ; c'eſt auſſi
ce qu'elle n'a pas entrepris.

Que porte l'Arrêt de cette Cour ? Que les ſieurs de Barbot *continueront de jouir de leur qualité de Nobles.* Qui
parle d'une continuation de nobleſſe , ne dit pas une créa-
tion ou une conceſſion actuelle de nobleſſe : il ne faut

que les premieres lumieres du bon sens pour entendre cette
logique. Elle n'a certainement pas échappé à la sagacité de
M. l'Inspecteur Général du Domaine. Ce moyen de cassation, a-t-il dit, n'est pas soutenable. La Cour des Aydes a
bien déclaré que les sieurs de Barbot étoient *Nobles*; mais
elle ne les a pas anoblis, comme le prétendent les habitans
de Saint-Martin de Mazerac : elle les a déclarés Nobles,
c'est-à-dire, elle a jugé que les titres de Noblesse qu'ils lui
ont présentés, étoient suffisants ; elle n'a point entendu
leur donner une Noblesse qu'il n'eussent pas, ou les res-
tituer dans celle qu'ils eussent perdues ; elles les a maintenus dans l'état dont elle les a cru en possession. Tel a été
le langage de M. l'Inspecteur Général du Domaine quoique par état, il fût l'Adversaire des sieurs de Barbot.

Malgré l'aveu de celui-là seul qui a le droit de combattre
la noblesse des sieurs de Barbot, les habitans de Saint-
Martin de Mazerac ont néanmoins insisté à soutenir que
les termes par lesquels la Cour des Aydes a ordonné dans
son Arrêt du 21 Février 1761, que les sieurs de Barbot
continueroient de jouir de la qualité de Nobles & d'Écuyers,
*n'étoient qu'une ruse & un artifice ; ce n'est qu'une concession
déguisée, un attentat caractérisé à la puissance & à l'autorité suprême.*

Voilà donc une Cour Supérieure accusée par des Paysans
ses Justiciables, *de ruse, d'artifice, de déguisement & d'attentat.* Et ces grands crimes (qu'on doit regarder comme
tels de la part d'un Juge) les Adversaires conviennent ne
pas les trouver dans les termes de l'Arrêt, dans ce que cet
Arrêt à jugé, mais, disent-ils, dans ce que les Magistrats
ont secrettement voulu juger. C'est ainsi qu'on se permet
d'empoisonner les intentions de ces Magistrats respectables.
C'eût été peu de reprocher à leur esprit des erreurs dont
tout esprit, même celui de l'homme le plus juste, est sus-
ceptible; c'est leur cœur qu'on inculpe ; & c'est-là qu'on
place *les ruses, les artifices, les déguisements & les atten-
tats* dont on les soutient coupables. Le Roi, ou son Conseil, ne prononcera-t-il aucune peine contre un manque-

ment

ment de refpect auffi éclatant & auffi outrageant envers des Juges Supérieurs, qui ne font que les images de Sa Majefté, & qu'Elle a trouvé dignes du dépôt d'une portion de fa puiffance ?

Par la célebre Déclaration du 8 Octobre 1729, obfervent les Adverfaires, toutes les recherches des prétendus faux Nobles ont été terminées. Depuis ce temps il n'a plus été permis d'inquiéter les citoyens fur leur état de Noble ou de Roturier ; tout eft rentré dans l'ordre où l'on étoit auparavant ; c'eft-à-dire, qu'aucune queftion fur la Nobleffe, fur fa poffeffion ou fa déchéance n'a pu être agitée dans les Tribunaux qu'autant que cette queftion aura été incidente à une autre queftion principale : on conclut de là, que l'Arrêt de Réglement de la Cour des Aydes de 1754, & fon Arrêt de 1761, déclaratif de la Nobleffe des fieur de Barbot, ont été incompétemment rendus.

Difcuffion du deuxiéme moyen de caffation : Incompétence prétendue de la Cour des Aydes.

Ce moyen de prétendue incompétence, comme étant un peu plus important, exigera de nous une difcuffion un peu plus étendue.

RÉPONSE.

Les Cours des Aydes ne font point réduites, comme le penfent nos Adverfaires, & n'ont jamais été bornées à connoître des queftions fur la Nobleffe, dans le cas feulement où ces queftions font incidentes à d'autres queftions fur le fait des Tailles. La conftitution de ces Cours, & la nature de leur établiffement, ont toujours demandé qu'elles puffent connoître de ces queftions de Nobleffe, par action directe & principale : comment fans cela le Procureur Général de ces Tribunaux chargé par état, de s'élever contre les abus qu'on pourroit commettre en s'arrogeant fauffement la qualité de *Noble* ou *d'Ecuyer*, auroit-il pu prévenir ces abus, ou en arrêter les progrès ? Ce miniftere Augufte & fi important, loin d'être une fonction active & furveillante, n'eut donc été qu'un emploi purement paffif ? Le Magiftrat public n'auroit été que le fpectateur tranquille de l'oppreffion des contribuables trop peu courageux, ou trop

C

fortunés pour ofer fe pourvoir, ou réclamer contre des perfonnes acréditées qui auroient voulu faire retomber fur eux tout le poid des Impofitions Royales.

C'eft pour remédier à de tels inconvénients que nos Rois ont voulu que les ufurpateurs de la Nobleffe fuffent *mulctés* d'amendes arbitraires, à la pourfuite du Miniftere public. Nos livres font pleins de Loix qui renferment pour cet Officier, non-feulement des pouvoirs, mais encore des ordres très-précis de veiller à ce que perfonne ne s'arroge fauffement & au préjudice des autres citoyens, les qualités de *Nobles & d'Ecuyers*. Pour fe convaincre de cette vérité importante, il ne faudroit que lire l'Ordonnance d'Orléans, celle de Blois, les Edits de 1551. 52. 53. 55 & 1583, & une multitude d'autres Loix dont le détail feroit trop long.

Il eft expreffément porté par l'article 406 de l'Ordonnance de 1629, que les Procureurs Généraux des Cours des Aydes feront de foigneufes recherches des nouveaux Nobles.

Perfonne n'ignore l'Edit du mois de Janvier 1634 ; ce Réglement général, qui contient les difpofitions de tous les précédents Réglements & qui a fervi de bafe à tous ceux qui ont fuivi ; par l'article premier de ce Réglement qui a été adreffé aux Cours des Aydes feulement, & non aux Parlements, il a été ordonné que les ufurpateurs de Nobleffe feroient impofés à la Taille fuivant leurs biens & facultés : défenfes font faites par l'article fecond, à tous les fujets du Roi, d'ufurper la qualité de *Nobles* à peine de deux mille livres d'amende. « Enjoignons (eft-il dit à » la fin de cet article) à nos Procureurs Généraux & à » leurs Subftituts, de faire toutes pourfuites néceffaires » contre les ufurpateurs defdits titres & qualités «.

Voilà donc les Procureurs Généraux des Cours des Aydes bien folemnellement chargés de pourfuivre toute entreprife d'ufurpation de Nobleffe. D'après ces Réglements, ces Officiers publics manqueroient à leur devoir, fi, pour mettre en exercice leur miniftere, ils attendoient que l'abus fe fût déjà introduit, & qu'une autre

queſtion à laquelle l'abus ne ſeroit qu'incident, leur four-
nît l'occaſion de déployer toute l'autorité que le Prince
leur a mis en main. Il veut au contraire, il ordonne qu'ils
faſſent de *ſoigneuſes recherches* de ces faux Nobles, qu'ils
ne négligent aucune *des pourſuites néceſſaires contre les uſurpateurs de ces titres & de ces qualités.*

Par une Déclaration du 6 Juillet 1604, Henri IV après
avoir dit que les Cours des Aydes étoient les Juges naturels
des uſurpateurs de Nobleſſe, ordonna que les Arrêts rendus par la Cour des Aydes de Rouen, ſur la dénonciation
ou à la Requête du Procureur Général, tendante à faire
impoſer aux Tailles les uſurpateurs de Nobleſſe, ſeroient
exécutés ſans avoir égard aux défenſes ou ſurſéances que
pourroient donner le Parlement de la même Ville. Il fut enjoint au Procureur Cénéral de la Cour des Aydes de tenir
la main à ce que telles uſurpations n'euſſent lieu. Il eſt remarquable qu'il fût encore enjoint aux Conſeillers de la
même Cour, marchants par la Province, de s'en infor-
mer, & d'y pourvoir à la diligence du Procureur Général.

Sur les Remontrances du Parlement de Rouen, préſentées
au Roi, au ſujet de cette Déclaration, il intervint Arrêt
contradictoire au Conſeil entre les Députés du Parlement,
& ceux de la Cour des Aydes, qui ordonna l'exécution de
la Déclaration, & arrêta que la Cour des Aydes connoîtroit
de la qualité de Noble privativement au Parlement. Déciſion conforme à l'eſſence de la Juriſdiction des Cours des
Aydes, à leur poſſeſſion conſtante, & aux diſpoſitions de
toutes les Ordonnances.

Il eſt vrai que le feu Roi, guidé par des vue encore
plus étendues, a preſcrit en différents temps, une recherche générale des faux Nobles; & c'eſt pour cela qu'en
1655, 56, 61, 64, 68 & 1696, il fut donné des Déclarations, & que des Commiſſions furent établies. Mais la
Juriſdiction attribuée à ces Commiſſions ne fut que paſ-
ſagere & momentanée; ce qui ſe prouve par les renou-
vellements multipliés qui en furent faits. Tant que cette
Juriſdiction eut ſon effet, l'exercice de celle confiée aux

Cours des Aydes, ne fut que fufpendu ; & lorfque ces Commiffions ont été révoquées, les Cours des Aydes ont répris leur premiere fonctions ; elles fe font occupées comme auparavant, des pourfuites au fujet de l'ufurpation de Nobleffe, dont les Ordonnances leur avoient fait un devoir très-rigoureux.

La Déclaration de 1729 a bien révoqué la récherche générale ordonnée par la Déclaration de 1696, pour laquelle il y avoit eu des Commiffions établies, & qui ont en même-temps été révoquées ; mais cette Déclaration de 1729 n'a rien changé à l'ancien état des chofes ; elle n'a fait que les rétablir ; & comme elle n'a point dérogé à l'Edit du mois de Janvier 1634, & aux autres Loix dont nous avons déja parlé, qui chargent les Cours des Aydes des pourfuites les plus rigoureufes contre les ufurpateurs de nobleffe, ces Cours ont repris l'exercice de la Jurifdiction que ces Loix leur avoient confiées à cet égard.

Pour peu qu'on faffe attention aux termes de la Déclaration de 1729, on ne fauroit fe diffimuler que les Cours des Aydes n'aient une Jurifdiction principale & non pas feulement incidente pour la pourfuite des ufurpateurs de Nobleffe. « Voulois qu'à l'avenir, porte cette » Déclaration, que toutes les conteftations concernant » l'ufurpation des titres de Nobleffe, qui furviendront à » l'occafion de la levée des Tailles, foient portées en nos » Cours des Aydes, chacune dans fon reffort ».

Il eft à remarquer que cette Loi, en parlant de *conteftations*, ne diftingue point lorfque la queftion fur la Nobleffe fera principale, ou feulement incidente ; lorfqu'elle aura été agitée fur la demande des particuliers, ou à la Requête de la Partie publique. Dans tous les cas ; c'eft à la Cour des Aydes à en connoître ; par action nouvelle & principale, fur la pourfuite du Procureur Général, & par voie d'incident, lorfqu'il a rapport à une conteftation entre particuliers.

C'eft pour prouver combien la connoiffance de ces matieres eft naturellement de la compétence des Cours des Aydes, que le Roi par la Déclaration de 1729, leur a renvoyé chacune dans leur reffort, toutes les inftances fur la recherche des Nobles, qui étoient pendants devant les Commiffions établies par la Déclaration de 1696, & qui étoient reftées indécifes au moment que ces Commiffions ont été fuprimée.

Il eft aifé de voir après cela, que les Adverfaires n'ont pu fans une fauffe interprétation de la Déclaration de 1729, prétendre que cette Loi ait abfolument aboli toutes recherches des faux Nobles ; & que les Cours des Aydes lorfqu'il s'agit de rendre ces ufurpateurs de Nobleffe, au nombre des Taillables, ne puiffent pas les inquiéter & les pourfuivre fur leur ufurpation. Il n'y auroit donc point de Juges de ces Délits, fi la pourfuite & la connoiffance en étoient interdittes aux Cours des Aydes ? & comment réprimer les entréprifes des ufurpateurs, fi les Procureurs Généraux de ces Cours fe trouvoient fans miniftere ? il dépendroit donc de ces ufurpateurs de s'affranchir des charges de l'Etat, d'en accabler les autres contribuables ?

On nous a objecté qu'on avoit le droit de les impofer, & que lorfqu'il fe pourvoiroient contre cette impofition, les Cours des Aydes auroient la faculté de connoître incidemment de leur prétendue Nobleffe. Mais fi encore un coup, ces ufurpateurs font des gens accrédités ; fi à leur oppulence eft attachée en quelque maniere, l'exiftance des contribuables infortunés ; fi la crainte ou le befoin les intimide ; le Procureur Général de la Cour des Aydes qui connoîtra ces injuftices, le verra donc fans pouvoir y remédier ? il faudra qu'il contienne les mouvements de fon zele, & que le malheureux fans appui, fupporte feul tout le fardeau des impofitions : de telles maximes ne fauroient convenir ni à la fageffe de nos Loix, ni au foins que prend le Prince du foulagement de fes fujets.

Envain prétendroit on que l'incompétence de la Cour des Aydes de Bordeaux, femble être préjugée par les difpofitions de l'Arrêt du Confeil auquel les fieurs de Barbot font oppofants, & par lequel il a été ordonné que les Parties sur les contestations jugées par les Arrêts de la Cour des Aydes qui ont été cassés sur Requête non communiquée, procéderoient au Conseil conformément à la Déclaration de 1729.

Il est évident que cette disposition d'Arrêt n'est qu'une surprise faite à la Religion du Conseil ; & pour s'en convaincre il suffit de faire attention que par cette Déclaration de 1729, le Roi n'a réservé à son Conseil, que la connoissance des contestations qui pourroient naître comme une suite des Jugements déja rendus sur cette matiere par les Commissions révoquées par la Déclaration de 1729. « Sans que nosdites Cours des Aydes (porte » cette Loi) puissent prendre connoissance d'aucune des » contestations qui ont été jugées dans les deux dernieres » recherches, soit par des Ordonnances des Commissaires » départis dans les Provinces de notre Royaume ; soit » par des Jugements des Commissaires de notre Conseil, » ou par des Arrêts rendus en notre Conseil ; mais seront » tenues nosdites Cours de renvoyer pardevant nous les » contestations de ce genre qui auront été portées ou re- » nouvellées devant elles ».

On ne peut donc pas douter qu'à l'exception des contestations qui pouvoient naître de l'exécution des Jugements déja rendus sur la Noblesse, soit par des Commissaires, soit par le Conseil, la connoissance de toutes les autres auxquelles peuvent avoir rapport les impositions publiques ne soit entiérement devolue aux Cours des Aydes, pour juger par action principale. Or dans l'espece des sieurs de Barbot, il ne s'agissoit point de Jugement qui eût été rendu par aucune des Commissions : leur état étoit trop connu, & leurs Ayeux en jouissoient trop ouvertement, pour que les Commissaires leur suscitassent aucune inquiétude. D'où il suit que la contestation qu'on a fait éprouver aux sieurs de Barbot, étoit une entreprise nouvelle qui ne pouvoit être que de la compétence de la Cour des Aydes. Et cette compétence ne sauroit être ni plus solemnellement ni plus formellement jugée qu'elle l'a été par le Conſeil lui-même, il y a peu de temps, en faveur de la Cour des Aydes de Guienne, dans l'affaire du ſieur Riſſan. Ce particulier ayant été pourſuivi comme uſurpateur de Nobleſſe, par le Procureur Général, & ayant été impoſé à la Taille en vertu d'un Arrêt de cette Cour, s'étoit adreſſé au Parlement de Bordeaux, & y avoit fait caſſer l'Arrêt de la Cour des Aydes; l'Arrêt du Parlement a été caſſé au Conſeil, par Arrêt du premier Août 1763 lequel a maintenu la Cour des Aydes dans le droit de connoître par action principale, & ſur la pourſuite du Procureur Général, de l'uſurpation de Nobleſſe.

C'eſt en vertu de cette compétence attribuée aux Cours des Aydes, au ſujet de la vérification des titres des prétendus Nobles qui cherchent à ſe ſouſtraire à la Loi des impôts, que la Cour des Aydes de Guienne a fait ſur cette matiere comme ſur les autres qui lui ſont ſoumiſes, différents Réglements, & notamment celui de 1754, contre lequel ſe ſont élevés les Adverſaires avec ſi peu d'égards. Ce Réglement n'eſt point comme ils ont voulu le faire entendre, une recherche générale des faux Nobles; il n'a ni les mêmes principes ni les mêmes vues, ni la même exécution : on s'y propoſe uniquement d'empêcher que les perſonnes qui ne ſont pas Nobles, ne puiſſent ſous cette fauſſe qualité, ſe ſouſtraire aux rôles des Tailles.

A l'égard de la compétence de la Cour des Aydes lors de ſon Arrêt du 21 Fevrier 1761 qui a vérifié la Nobleſſe des ſieurs de Barbot, on ne ſauroit pas plus raiſonnablement la lui conteſter. Cet Arrêt n'eſt que l'exécution du Réglement de 1754 ; la Cour des Aydes conſéquemment n'a pas été moins compétente dans un cas que dans l'autre.

Dans une Requête ſignifiée le trois du préſent mois de Mai, les Adverſaires ont fait cette obſervation au ſujet de la compétence de la Cour des Aydes de Guienne ». Suppoſons que » le Procureur Général de cette Cour eût été inſtruit que » les ſieurs Barbot, ſimples roturiers, s'exemptoient du » paiement de la Taille dans les paroiſſes de Mazerac & de » Coutras, à la faveur de l'uſurpation de la qualité de No-

» ble, & que par la connivence, ou la foiblesse des habi-
» tans, cette entreprise devenoit impunie : si dans ce cas
» M. le Procureur Général eût donné son réquisitoire pour
» obliger les sieurs Barbot à justifier dans un bref délai,
» de leur Noblesse, ou à faute d'en justifier, pour les faire
» condamner au paiement de la Taille, dans ce cas les
» poursuites de ce Magistrat auroient été régulieres, parce
» qu'elles auroient eu un objet déterminé relativement à
» l'imposition des Tailles, & au maintien de l'égalité dans
» la contribution aux Tailles ». Et c'est dans ce sens que
les Adversaires qui ont senti toute la force du préjugé de
l'Arrêt rendu au Conseil le 1er. Août 1763, au sujet du
sieur Rissan, ont dit qu'il falloit envisager la justice de cet
Arrêt. » Mais, ont-ils ajouté, que la Cour des Aydes fasse
» de sa propre autorité, une recherche générale de la No-
» blesse, & qu'elle oblige tous les Nobles & privilégiés à
» soumettre leurs titres à l'examen & à la vérification de
» la part de cette Cour ; c'est une entreprise intolérable ».

La Cour des Aydes d'après nos Adversaires eux mêmes,
a donc le droit de connoître par action directe & principale, & sur le Réquisitoire de M. le Procureur Général,
de l'usurpation de Noblesse, pour empêcher qu'un faux
Noble ne se dérobe à la Loi des Impôts ; ce Magistrat peut
requérir, & le Tribunal peut ordonner que dans un bref
délai, le prétendu Noble justifiera de sa Noblesse ; & qu'à
faute de ce faire, il sera imposé à la Taille : cette procédure seroit réguliere, disent les habitans de Muzerac ; mais
ils ne s'apperçoivent pas qu'on ne sauroit jamais mieux justifier la conduite qu'a tenue la Cour des Aydes. Cette Cour
sur le bruit général d'une pareille usurpation commise, dont
les exemples étoient multipliés, & sur le Réquisitoire du
ministere public, rendit un Arrêt en 1752 pour obliger les
prétendus Nobles à justifier de leur Noblesse : il leur fut accordé un mois pour faire cette justification ; faute de quoi,
il fut enjoint de les mettre à la Taille. Par le Réglement de
1754 il fut prescrit un ordre de procédure que durent ob-
server pour se faire rétablir, ceux qui faute d'avoir justifié

de

de leur Noblesse dans le délai porté par le Réglement de 1752, avoient été imposés à la Taille. N'est-ce pas là la même conduite que celle que les habitans de Mazerac avouent être réguliere? Prétendroient-ils mettre quelque différence entre l'espece d'un seul particulier, & celle de diverses personnes réunies? Mais, ce que la Cour des Aydes peut faire à l'égard d'un seul usurpateur, pourquoi ne le pourroit-elle pas à l'égard de plusieurs usurpateurs à la fois? Dans l'un comme dans l'autre cas, *les poursuites ont un objet déterminé relativement à l'Imposition des Tailles, & au maintien de l'égalité dans la contribution aux Tailles.*

Enfin, c'est d'autant moins une recherche générale des Nobles, que la Cour des Aydes a entendu faire, comme voudroient le faire penser les Adversaires, qu'elle a eu le soin d'excepter de la justification de titres, prescrite par son Réglement, toutes les personnes dont la Noblesse étoit publiquement avouée.

La Cour des Aydes, dit-on, étoit sans compétence pour connoître en premiere & derniere instance, de la question de Noblesse des sieurs de Barbot; elle ne pouvoit en connoître que par la voie de l'appel.

Le dernier état du sieur de Barbot de Larcis au moment où pour la premiere fois, on l'avoit imposé à la Taille à Saint-Emillion, étoit l'état d'un Gentilhomme à qui la Cour des Aydes, dont il est justiciable, avoit imposé la nécessité par son Réglement de 1754, de justifier devant elle de ses titres de Noblesse, & de lui présenter une Requête avec les Piéces justificatives, dans le cas où faute de cette justification de ses titres, il auroit été imposé à la Taille. Dans cette position, pour que la Cour des Aydes ne pût connoître que par la voie de l'appel, de la demande du sieur Barbot de Larcis, il eût fallu qu'il eût d'abord porté devant l'élection, cette même demande qui n'avoit d'autre objet que de faire vérifier ses titres de Noblesse & de se faire maintenir dans son état: Peut-on dire que ce Siége de l'Election eût été compétent pour procéder à cette vé-

Discussion du quatriéme moyen de cassation où l'on a prétendu que la Cour des Aydes ne pouvoit connoître que par la voie de l'appel de la question de Noblesse des sieurs de Barbot.

D

rification de titres , &c. à cette maintenue qui ne peuvent évidemment regarder qu'une Cour Souveraine ? D'ailleurs, le sieur de Barbot seroit contrevenu au Réglement de la Cour des Aydes qui lui avoit elle-même tracé la voie, & prescrit les procédures qu'il devoit faire.

Enfin, veut-on que la Cour des Aydes fût sans compétence lors de son Réglement du 27 Juillet 1754, qui a appellé les Nobles, ou ceux qui se prétendoient tels, à la justification de leurs titres, & lors de l'Arrêt du 11 Février 1761, qui, en conséquence de ce Réglement de 1754, a vérifié la Noblesse des sieurs de Barbot : il n'en est pas de même certainement à l'égard de l'Arrêt de cette Cour du 5 Sept. 1765, qui a statué sur l'appel de la Sentence de l'Election de Guienne, qui avoit déclaré nulle l'imposition à la Taille, que les Collecteurs de Saint-Martin de Mazerac avoient faite de la personne du Valet du sieur de Barbot de Larcis, à qui ils avoient osé contester son état de Noble & de privilégié. Il est bien certain que lors de ce dernier Arrêt, pour lequel seul les sieurs de Barbot doivent prendre quelqu'intérêt, la Cour des Aydes n'a pas connu de la Noblesse de ces derniers, par action nouvelle & principale, mais incidemment à une question de Taille, puisqu'il s'agissoit de sçavoir si le Valet avoit été valablement imposé, ou s'il l'avoit été contre le privilége de la Noblesse du sieur de Barbot de Larcis. Il résulte ouvertement de-là, que cet Arrêt de 1765 n'a contrevenu ni à aucune Loi, ni à aucun principe, ni à aucune Jurisprudence du Conseil : il remplit même toutes les vues des Adversaires qui prétendent que les Cours des Aydes ne sont point autorisées à connoître directement de l'usurpation de la Noblesse, quoique l'on ne s'y propose d'autre objet que de faire rentrer les usurpateurs dans la classe des contribuables : il s'ensuit encore que cet Arrêt de 1765 qui ne sauroit être cassé, puisqu'il ne contient aucune sorte de contravention, a régulièrement & définitivement jugé à l'occasion d'une imposition à la Taille, l'état de Noblesse des sieurs de Barbot ; conséquemment on ne peut se dispenser d'ordonner l'exécution de cet Arrêt.

De tout ce qui vient d'être observé dans cette premiere Partie, on doit conclure que les habitans de Saint-Martin de Mazerac, ne sont pas moins non-recevables que mal fondés, dans leur demande en cassation des Arrêts de la Cour des Aydes.

SECONDE PARTIE.

Preuves de la Noblesse d'extraction des sieurs de Barbot.

M. l'Inspecteur Général du Domaine surpris, comme nous l'avons déjà remarqué, lors de la communication qui lui fut donnée de la Requête des Adversaires, par les titres vicieux qu'ils y avoient joints, par une multitude de faussetés qu'ils avoient alléguées, & par la confusion & mauvaise application qu'ils avoient faites de certains faits de dérogeance, s'est cru forcé par la rigueur de son ministere, d'attaquer les sieurs de Barbot dans leur état de Nobles & d'Ecuyers. Avant d'entrer dans l'examen de ce qu'il leur a opposé, il est nécessaire de présenter les preuves de leur Noblesse; c'est ce que nous allons commencer de faire par l'exposition de leur généalogie.

GÉNÉALOGIE DES SIEURS DE BARBOT.

La bataille d'Aignadel excita la jalousie du Pape Jules II, contre Louis XII; & le Pontife fit en 1510 une ligue contre ce Prince, avec Ferdinand le Catholique, avec Henri VIII, Roi d'Angleterre, & avec les Suisses & les Vénitiens.

Cette puissante conféderation menaçoit d'écraser la France. Le Roi mit aussi-tôt ses troupes en mouvement. C'est dans une des marches qu'il leur fit faire, que Joseph de Barbot Ecuyer, sieur de Putruault, Capitaine-Commandant d'une Compagnie au Régiment de Picardie, fit un acte qui est le premier que sa postérité ait pu recueillir pour justifier de sa Noblesse d'extraction.

Cet acte est un testament. Quand il n'offriroit pas la preuve littérale que Joseph de Barbot étoit Noble, on ne sauroit en douter après avoir lu les sentiments qui y regnent : tout y annonce le caractere de la plus belle ame. Il alloit courir une carriere périlleuse ; si la mort vient l'y frapper, il regarde comme une faveur qu'on veuille bien se charger de son bagage : en portant ensuite ses regards sur sa femme qui étoit de la maison de Guilleragues, & sur son fils, il accorde à la mere, l'usufruit de ses biens, & la prie de vouloir bien faire instruire leur fils *selon leur condition.* Certes, les Gens ordinaires ne parlent point ainsi de l'éducation de leurs enfans.

Ce n'est pas par ce seul trait que Joseph de Barbot décele ici sa Noblesse : le sort futur de son fils l'inquiete ; il indique à sa femme les arrangements qu'elle pourra prendre lors du mariage d'un fils si cher, *s'il trouve un parti sortable* ; & tous ces arrangements sont de la nature de ceux que prennent ordinairement en pareilles circonstances, les personnes de qualité pour soutenir l'honneur de leur Maison.

On ne craint donc point de le dire, il suffit de jetter les yeux sur ce testament, pour voir qu'il n'a été fait que par un homme qui avoit puisé sa maniere de penser dans le sein d'une Noblesse déjà ancienne, & qui s'étoit perpétuée jusqu'à lui avec la même élévation de sentiments. Ce titre précieux est du 20 Mars 1510, Joseph de Barbot le fit à Corme-Royal, en allant combattre pour son Roi & pour sa Patrie ; il le déposa le 21 du même mois au Notaire du lieu, par un acte où il prit la qualité *d'Ecuyer, sieur de Putruault,* & de Capitaine-Commandant une Compagnie dans le Régiment de Picardie.

C'est de ce grand & vertueux Militaire, que descendent en ligne directe les sieurs de Barbot. Combien de Maisons tiennent aujourd'hui un rang distingué parmi la Noblesse du Royaume, & qui cependant ne pourroient pas prouver une aussi belle & aussi ancienne origine ?

Le long intervale qui separe Joseph de Barbot des sieurs de Barbot, Exposans, a été rempli :

1°. Par Robert de Barbot, fils de Joſeph & de Marguerite de la Vergne.

2°. Par Jean de Barbot, premier du nom, fils de Robert & de Catherine Guillebaut.

3°. Par Jean de Barbot, ſecond du nom, fils du précédent, & de Renée Jaumart.

4°. Par Pierre de Barbot, ſieur de Goujonville, fils de Jean de Barbot, ſecond du nom, & de Marie Boireau ſa ſeconde femme.

5°. Par Jean de Barbot, troiſieme du nom, ſieur de Fonbonne, fils de Pierre & d'Iſabeau de Richon.

Viennent les ſieurs de Barbot, Expoſans, ſes fils, & de Marie de Richon.

Il faut parcourir ces différentes générations.

PREMIERE GÉNÉRATION.

ROBERT DE BARBOT.

Le fils de Joſeph de Barbot, ce brave Militaire, ne pouvoit ſûrement être que Noble ; car il n'y a point de doute ſur la Nobleſſe d'extraction ; elle paſſe du pere au fils avec les principes de vie qu'il lui communique : ce fils eſt créé Noble, il naît Noble.

Or, Robert de Barbot étoit-il fils de Joſeph ? Ce ſeul point de fait décide ſa Nobleſſe ; & ce fait eſt prouvé par le contrat de mariage de ce Robert avec Marguerite Guillebault, en date du 13 Novembre 1519 : il s'y eſt qualifié de *Noble*, *d'Ecuyer*, & de fils naturel & légitime de feu *Noble* Joſeph de Barbot, *Ecuyer*, ſieur de Putruault, & de feue Marguerite de la Vergne. La Nobleſſe du fils ſe trouve ainſi conſtatée en même tems que ſa filiation.

SECONDE GÉNÉRATION.

JEAN DE BARBOT, premier du nom.

Jean de Barbot, premier du nom, étoit-il fils de Robert? C'est encore dans cette circonstance qu'il faut chercher s'il a été Noble. Il épousa Renée Jaumart ; leur contrat de mariage du 30 Mars 1570, exprime qu'il étoit fils naturel & légitime de Robert de Barbot, & de Catherine Guillebaut : la noblesse d'extraction de son grand-pere lui avoit par conséquent été transmise. Il prend, d'ailleurs, dans son contrat de mariage, la qualité de *Noble & d'Ecuyer.* Il jouissoit même d'un tel degré de considération, qu'il n'est jamais nommé dans ce contrat, que ce ne soit avec l'épithète distinguée de *Seigneur.*

TROISIEME GÉNÉRATION.

JEAN DE BARBOT, second du nom.

A la distinction qu'il tenoit de sa naissance, il joignit des talens qui lui acquirent une célébrité dont le Barreau n'a point encore perdu la mémoire à Bordeaux. Il étoit Avocat au Parlement de cette Ville. Il eut un frere, Romain de Barbot, Chanoine-Aumônier du Chapitre de Saint-Emillion, Commandeur de Saint-Antoine, & qui appellé en 1614 au Concile de Bordeaux, s'y distingua, & y acquit de la célébrité. Tous deux fils de Jean de Barbot, premier du nom, & de Renée Jaumart, jouissoient certainement bien de la Noblesse : mais on conçoit qu'il n'y eût que Jean qui continua la filiation. Par lui la famille se partagea en deux branches ; la branche aînée à donné à la Magistrature, une suite d'hommes recommandables ; & c'est dans le sein de la branche cadette, que les Exposans ont pris naissance.

Ce Jean de Barbot, second du nom, se maria deux fois ;

la premiere avec Françoise de Mercier, & la seconde avec Marie de Boireau : il eut de chacune de ces deux femmes, un fils, qui furent les chefs des deux branches, dans lesquelles se divisa la famille.

Mais les Exposans prouvent-ils que ce Jean de Barbot, second du nom, étoit réellement fils de Jean de Barbot, premier du nom, & de Renée Jaumart, & que par conséquent la noblesse de Joseph de Barbot, qui forme la souche primitive, lui avoit passé par les deux générations qui le séparoient de lui ? Les Exposans rapportent ses deux contrats de mariage des 10 Mars 1611 & 10 Août 1630 ; l'un & l'autre portent qu'il étoit fils de Jean de Barbot & de Renée Jaumart ; par-là sa filiation est prouvée : dans les deux actes, il prend la qualité de *Noble Jean de Barbot, Ecuyer, Seigneur, Baron de Putruault & de Saint-Georges*, Avocat au Parlement : par cette qualité d'*Ecuyer*, sa noblesse se trouve constatée.

L'on doit remarquer dans l'un & l'autre de ces contrats de mariage, les personnes avec lesquelles il contractoit alliance. Françoise de Mercier appartenoit à ce qu'il y avoit de mieux dans la Province. Messire Jean de Martin, Conseiller du Roi, Trésorier-Général de France en Guienne ; Messire Pierre de Martin, Receveur-Général des Finances de la même Généralité ; Messire Raymond de Martin, Conseiller du Roi, son Maître d'Hôtel ordinaire ; Messire Mathieu de Martin de Laubardon, Audiencier en la Chancéllerie de Bordeaux ; Messire Roch Dalême, Conseiller au Parlement de Bordeaux ; Messire Pierre de Chefnault, Conseiller & Procureur du Roi, en la Sénéchauffée de Guienne ; Messire Grimond de l'Estenac, Ecuyer, Seigneur de Lifle ; Messire Raymond de Martin, Seigneur, Abbé Commandataire de l'Abbaye de Fayze : tous étoient ou les oncles ou les cousins de la premiere femme de Jean de Barbot.

Marie Boireau sa seconde, n'étoit pas moins bien née. Elle étoit veuve de Messire Hervé Pipaud, Conseiller du Roi, Lieutenant-Général en la Sénéchauffée de Guienne

& Bazadois : l'on a connu dans la famille de cette Boireau, un Conſeiller à la Cour des Aides de Bordeaux, & un Capitaine au Régiment de Montauzier ; l'un & l'autre étoient ſes freres ; & un Conſeiller au Parlement, ſon neveu.

Les Expoſans ſavent très-bien que ce n'eſt pas l'illuſtration des femmes qui conſtitue la nobleſſe des maris ; auſſi ne rapportent-ils ces circonſtances que par obſervation, & pour marquer ſeulement que leurs ancêtres étoient d'un rang à pouvoir prétendre aux alliances les plus diſtinguées de la Province.

Jean de Barbot, ſecond du nom, eut un fils, comme nous l'avons déjà remarqué de chacune de ces deux femmes : celui du premier lit, fut Jean de Barbot, Avocat & Jurat de Bordeaux, ayeul du Magiſtrat de ce nom, qui n'a pas moins acquis de gloire dans la république des lettres, que dans le Tribunal dont il fut l'ornement, & que la mort vient de nous enlever. Le fils du ſecond lit fut Pierre de Barbot, Seigneur de Goujonville ; c'eſt celui dont il va être queſtion.

QUATRIEME GÉNÉRATION.

PIERRE DE BARBOT, *Seigneur de Goujonville*, *Chef de la branche cadette.*

Le fils d'un Noble d'extraction n'eſt-il pas bien Noble lui-même ? Or, Pierre de Barbot de Goujonville étoit fils de Jean de Barbot, ſecond, & de ſa ſeconde femme, Marie de Boireau ; il étoit donc Noble, & cette filiation ſe prouve par ſon contrat de mariage avec Iſabeau de Richon, du 5 Janvier 1667. Voici les qualités qu'il prend, & qui juſtifient tout à la fois ſa filiation & ſa Nobleſſe ; *Meſſire* Pierre de Barbot, ſieur de Goujonville, fils naturel & légitime de feu *Noble* Jean de Barbot, Avocat au Parlement, *Baron* de Saint-Georges & de Putruault, & de Marie Boireau.

CINQUIÉME

CINQUIEME GÉNÉRATION.

JEAN DE BARBOT, troisieme du nom, sieur de Fonbonne.

Il y a le même raisonnement à faire sur cette génération, que sur les précédentes. Si Pierre Barbot de Goujonville étoit Noble, & Noble d'extraction, il n'est pas douteux que ses enfans n'ayent aussi été Nobles. Or, Jean de Barbot, troisieme du nom, sieur de Fonbonne, étoit fils de Pierre ; cela se prouve par son contrat de mariage avec Marie de Richon sa parente, qui étoit de la même maison que MM. de Richon Monsavier, Conseillers au Parlement de Guienne, & dont la Noblesse est des plus anciennes de la Province. Ce contrat de mariage est du 12 Décembre 1716 ; il s'y qualifie d'*Ecuyer*, sieur de Fonbonne, fils naturel & légitime de Pierre de Barbot, aussi *Ecuyer* sieur de Goujonville, & de feue Isabeau de Richon, *Demoiselle*.

Les Exposans sont nés de ce mariage ; ils sont donc Nobles aussi : & quelle est la Noblesse dont ils jouissent ? C'est celle de Joseph de Barbot, qui dès 1510 se perdoit dans l'obscurité des tems antérieurs.

Ainsi, c'est peut-être de la Noblesse la plus ancienne & la mieux prouvée, que les Adversaires ont entrepris de renverser l'existence. Nous allons examiner les objections qu'ils nons ont faites.

Les Exposans devroient n'avoir à défendre qu'à celles de M. l'Inspecteur-Général du Domaine, puisque les Habitans de Mazerac sont non-recevables à en proposer de leur part : ils en hasardent néanmoins de particulieres, mais que M. l'Inspecteur du Domaine a cru devoir mépriser. Les Exposans ne dédaigneront point de répondre à toutes, pour avoir l'avantage de faire éclater sous tous les points de vues possibles, la vérité de leurs moyens & la bonté de leur cause. Les objections de M. l'Inspecteur du Domaine, seront faciles à distinguer ; elles concernent uniquement Pierre Barbot de Goujonville, ayeul des Exposans.

E

OBJECTIONS.

Contre les preuves relatives à chacune des générations qui composent la ligne directe des sieurs de Barbot.

Les Adversaires font tomber leur examen sur les piéces par lesquelles les Exposans ont prouvé la Noblesse de leurs ayeux. Il est à remarquer que parmi ces piéces toutes probantes, il s'en trouve cependant qui méritent une singuliere attention: ce sont les contrats de mariage de tous ceux qui composent la ligne directe de cette maison, dans lesquels ils ont tous pris les qualités de *Nobles*, ou de *Messires*, ou d'*Ecuyers*, ou de *Barons*, & quelquefois plusieurs de ces qualités ensemble avec celle de *Seigneurs*. Circonstance qui est ici bien importante, puisque c'est par ces sortes d'actes que la Noblesse se prouve en Justice; qu'ils dispensent d'en rapporter d'autres, & que d'autres piéces n'en pourroient gueres tenir lieu. Les Aderfaires instruits de ces vérités, ont fait les plus grands efforts, nous ne disons pas pour détruire, mais seulement pour affoiblir les témoignages éclatans que renferment ces actes. On va juger de quelle maniere ils cherchent à se débarraffer de la conséquence décisive qui dérive de ces contrats en faveur des Exposans.

OBJECTIONS

Contre JOSEPH DE BARBOT : *premiere souche connue.*

Les habitans de Saint-Martin de Mazerac n'opposent rien contre le Testament de Joseph de Barbot, fait le 20 Mars 1510, dans lequel cet ancien Capitaine a pris la qualité *d'Ecuyer, sieur de Putruault.* Il peut se faire, observent-ils froidement, que ce Joseph Barbot, à l'exemple de beaucoup d'autres de sa nation, se soit jetté dans le Militaire, *pour y faire fortune*, & se soit cru autorisé par fa qualité de Capitaine, à prendre le titre d'*Ecuyer*.

RÉPONSE.

C'eſt donc pour faire fortune qu'on ſe jette dans le Militaire! La réflexion eſt nouvelle; elle pourroit honorer
nos Adverſaires, s'ils étoient en état de ſentir tout le prix
de l'eſpece de fortune qu'on doit ſe propoſer en ſe dévouant
à l'état Militaire, & qu'on ne manque jamais de recueillir
lorſqu'on y remplit ſes devoirs. Au ſurplus, en liſant le
Teſtament de ce Joſeph de Barbot, on découvre bien par
l'élévation d'ame qui y regne, par les expreſſions diſtinguées
qui lui échappent, qu'il n'eſt pas le premier de ſa famille
à qui les qualités d'*Ecuyer* & de *Noble* convinſent.

OBJECTIONS

Contre ROBERT DE BARBOT, *fils de Joſeph: premiere
Génération.*

On n'a également rien eu à dire contre le Contrat de
mariage de Robert de Barbot, fils de Joſeph, en date du
13 Novembre 1519, dans lequel il eſt qualifié de *Noble*,
d'*Ecuyer*, & de fils naturel & légitime de Joſeph de Barbot, *Ecuyer*, ſieur de Putruault, & de feue Marguerite
de Lavergne. Les Adverſaires ſont forcés de borner leur
critique à prétendre qu'il eſt étonnant qu'on ne rapporte
qu'une ſeule piéce pour chacune de ces deux ſouches.

RÉPONSE.

Pluſieurs circonſtances ont pu mettre les Expoſants
dans l'impoſſibilité de rapporter un plus grand nombre de
piéces; l'éloignement des temps; les Guerres civiles; les
troubles qui ont ſi ſouvent agité & dévaſté cette Province;
la négligence des Ayeux; toutes ces raiſons ont fait obſ-
tacle à une recherche plus heureuſe: & à l'égard des effets

de la guerre civile, on peut d'autant moins en douter, que les Adverſaires conviennent eux-mêmes dans une de leurs Requêtes, que le Château de Pierre de Barbot de Goujonville a été détruit lors de l'incurſion de l'un des deux partis ; & c'eſt encore ce qui ſe juſtifie par la cinquante-huitiéme piéce de la production des Expoſants.

OBJECTIONS

Contre JEAN DE BARBOT, *premier du nom*, *fils de Robert* ; *ſeconde Génération.*

Il étoit fils de Robert ; & l'on a prouvé qu'à l'exemple de ſon pere, il s'étoit qualifié de *Noble* & d'*Ecuyer*, dans ſon contrat de mariage, du 30 Mars 1570.

Les Adverſaires lui donneront pour frere, dans un inſtant, un François Barbot, qu'ils diſent avoir été Sergent.

Les Expoſans n'ont connu d'autre frere de Jean premier, leur triſayeul, que Pierre de Barbot, qui dans un titre du 14 Mars 1550, prit la qualité d'*Ecuyer* & d'Enſeigne dans la Compagnie du Seigneur de Taride ; ce Titre eſt produit dans l'Inſtance.

On a encore prétendu que ce Jean, premier du nom, n'avoit point pris la qualité de *Noble* ; que jamais elle ne lui avoit été donnée, pas même par Renée Jaumart, ſa premiere femme ; & les habitans de Saint-Martin de Mazerac, vont en faire un Procureur au Parlement.

Les Expoſants démentent avec évidence toutes ces allégations par une multitude de moyens. Il eſt faux que ce Jean de Barbot, premier du nom, n'ait jamais pris la qualité de *Noble* ; il eſt également faux qu'elle ne lui ait pas été donnée. Son Contrat de mariage en eſt une premiere preuve bien authentique ; il y eſt qualifié de *Noble* & d'*Ecuyer* ; on n'a pas oſé le dénier ; & le Contrat eſt produit. Pour autre preuve, nous rapportons une foule d'actes que les bornes de cet écrit ne nous permettent pas de détailler ici. Tous ces actes confirment la qualité de Gentilhomme dans la perfonne de ce trifayeul, & atteftent qu'il a conftamment pris le titre de *Noble* & d'*Ecuyer;* qu'il lui a été donné par ceux mêmes qui le connoiffoient le plus, par fa veuve, & par fes autres parents. Qu'on juge après cela du cas que l'on doit faire des fauffes allégations des habitans de Saint-Martin de Mazerac.

Quant à la qualité de Procureur qu'on attribue à ce Jean premier, les Expofants n'ont jamais connu d'actes ni de piéces qui puffent le conftater: nous mettrons un peu plus bas fous les yeux l'efpece de preuve que les Adverfaires prétendent en rapporter.

Une circonftance bien frappante va nous faire preffentir que ce Jean premier n'a été rien moins que Procureur. Il fut honoré par le Roi Henri IV, le 11 Décembre 1607, de l'Office de Secrétaire ordinaire de fa Chambre : les Provifions de cet Office font voir qu'il lui a été accordé gratuitement, & en récompenfe de fervices fignalés rendus au Roi & à la Patrie. De-là plufieurs conféquences ; 1°. Penfera-t-on que fi Jean de Barbot n'eût été qu'un Procureur, le Roi l'eût choifi dans cette claffe de Citoyens, pour occuper auprès de fa perfonne, un rang, & y remplir des fonctions qui n'étoient donnés qu'à des perfonnes non moins diftinguées par la naiffance que par le mérite *

---

* Dans un Etat de la France, dont il a été fait trois éditions, on voit à la page 212 de la premier édition, à la page 193 de la feconde, & à la page 223 de la troifiéme, que le nombre de ces Secrétaires étoit fixé à quatre ; qu'ils étoient qualifiés fur l'Etat, de Secrétaire de la Chambre & du Cabinet, ayant 7500 liv. de gages : qu'ils avoient auffi la qualité de Confeillers du Roi ordinaires en fes Confeils, & fervants Sa Majefté dans fes Dépêches particulieres qu'Elle ne vouloit pas être divulguées.

Enfuite fe trouvent les noms de ceux qui ont occupé cette place, fuivant l'ordre de leur réception.

M. Maître François de Cailleres, Seigneur de la Roche-Cheloy & de Gigny ; il avoit été envoyé en qualité de Plénipotentiaire lors de la paix de Rifvich : il étoit de l'Académie Françoife.

M. Verjus de Crecy : il avoit également eu la qualité de Plénipotentiaire, lors de la paix de Rifvich : auparavant il avoit été à la Diette de Ratisbonne, & autres Affemblées de l'Empire.

M. le Marquis de Prouage, Grand Tréforier de l'Ordre du Saint-Efprit : il

2°. Un Procureur étoit-il en pofition de rendre à l'Etat des fervices dignes d'une récompenfe auffi glorieufe ? 3°. Si Jean de Barbot n'avoit pas été *Noble*, fe trouvant en faveur auprès du Prince, & y exerçant un Emploi auffi honorable, fa plus forte ambition ne lui eût-elle pas fait défirer la Nobleffe ; & fon premier foin n'eût-il pas été de la demander & de l'obtenir ?

Ce Jean de Barbot, premier du nom, eft donc celui qui qui par fon contrat de mariage, du 30 Mars 1570, & dans une infinité d'autres actes, a pris les qualités de *Noble* & d'*Ecuyer*, dont la confidération qui lui étoit dûe, ne permit pas qu'on le nommât dans le Contrat de mariage, fans l'épithete diftinguée de *Seigneur* ; c'eft celui qui eut pour frere Pierre de Barbot, connu dans un titre de 1550, fous la qualification d'*Ecuyer* & d'*Enfeigne* dans une Compagnie ; c'eft encore celui qui eut l'honneur, comme on l'a prouvé, d'exercer auprès de Henry IV, l'Emploi de Secrétaire de fa Chambre ; c'eft enfin celui dont la nobleffe qu'il tenoit de fes ayeux, a été prouvée par une multitude d'actes, & dont les Enfans Eccléfiaftiques ou

---

avoit été auparavant Secrétaire du Cabinet : le Roi lui conferva, ainfi qu'à M. Verjus, les Entrées de la Chambre qu'ils avoient eues en qualité de Secrétaires.

M. Antoine Hennequin, Sieur de Charmont, ancien Procureur Général du Grand Confeil, & Grand Rapporteur : il étoit encore pourvu de l'Emploie de Secretaire de la Chambre, lorfqu'il fut envoyé en qualité d'Ambaffadeur à Venife.

M. Eufebe-Jacques Chapoux, Marquis de Verneuil en Touraine, Introducteur des Ambaffadeurs.

M. Louis Doublet Seigneur de Breuil-Pont, ci-devant Secrétaire des Commandemens de M. le Duc d'Orléans, Régent du Royaume, & Gardes des Sceaux de la Reine d'Efpagne douariere.

M. Jacques Armand Dupin de Charancé.

M. Roze, Sieur de Croye ; il avoit fur cette charge 220000 il étoit Préfident à la Chambre des Comptes.

M. Bergeret ; il avoit été Avocat Général au Parlement de Metz.

M. Daquin de Château-Renard ; il avoit été Confeiller au Parlement.

M. le Marquis de Saint-Pouange Gilbert Colbert : il avoit été Secrétaire des Commandemens, Maifon & Finances de la Reine.

C'eft parmi des Perfonnes d'un tel nom & d'un tel mérite, que les habitans de Saint-Martin de Mazerac, voudroient que fe fût trouvé un Procureur au Parlement.

autres, ont à l'exemple de leur pere, fait uſage en tout tems, de qualifications qui ne pouvoient convenir qu'à des Nobles.

On veut que ce Jean de Barbot, premier du nom, n'ait été qu'un Procureur au Parlement. Il paroît bien qu'il a exiſté un Jean Barbot, Procureur au Parlement ; quelques piéces rapportées par nos Adverſaires ſemblent l'annoncer. Mais, où eſt la preuve, & encore plus où eſt la vraiſemblance que ce fût la même perſonne, que ce fût ce Jean de Barbot, premier du nom, notre triſayeul, dont tous les titres que nous rapportons, & qui lui ſont relatifs, n'atteſtent d'autres qualités que celles d'*Ecuyer* & de *Noble* ? Et par quelle ſingularité inconcevable n'auroit-il pris ſoigneuſement dans quelques actes, que la qualité de Procureur, ſans y parler de celles de *Noble* & d'*Ecuyer* ; & dans une multitude d'autres, celles d'*Ecuyer* & de *Noble*, ſans aucune mention de celle de Procureur ?

Ce Procureur, dit-on, prenoit auſſi le titre de Sieur de Petruault. Il y avoit un village connu ſous le nom de Petruault ; ce Jean Barbot, Procureur, aura eu du bien dans ce village, & en aura pris le nom ſous ce prétexte. Cette prétendue identité de perſonne, eſt donc une erreur de nos Adverſaires.

Il en eſt de même de la fraternité qu'ils ont prétendu établir entre ce Jean Barbot, Procureur, que nous ne connoiſſons point, & un François Barbot, Sergent, que nous ne connoiſſons pas mieux : ce que nous n'allons relever que pour prouver combien il eſt ordinaire aux habitans de Mazerac, de donner dans l'erreur.

Deux piéces ſervent de baſe à leur ſuppoſition. L'une eſt un Bail du 28 Janvier 1591, dans lequel, diſent les Adverſaires, ce François Barbot ſe charge de paſſer le bail pour Jean Barbot, ſon frere, Procureur au Parlement.

L'acte ne porte point que ce fût ſon frere ; Pourquoi donc avoir oſé prendre ſur ſoi de l'avancer ?

La ſeconde piéce de laquelle on s'efforce de faire ſortir la preuve de cette prétendue fraternité, eſt une quittance du 16 Janvier 1597. Il eſt aiſé de ſe convaincre qu'une telle preuve n'eſt qu'une pure dériſion, pour ne pas dire quelque choſe de plus révoltant. Que voit-on dans cette quittance ? Un François Barbot, qui loin d'être déſigné comme Sergent, eſt ſeulement qualifié d'ancien Maire de Saint-Emillion : combien peu ce dernier titre quadre-t-il avec celui de Sergent ! Mais enfin ce François Barbot, ſous quelque qualité qu'on veuille l'enviſager, étoit-il frere de Jean Barbot Procureur ? Si l'on conſidere la quittance de 1597, François y prend la qualité de frere de Jean, avec cette circonſtance cependant bien remarquable, que le mot de *frere*, dans tous les endroits où il eſt écrit, l'a été après coup, avec de l'encre différente, & pour ſubſtituer ce mot de *frere* à celui de *fils*, qui perce ſenſiblement au travers de cette altération. L'expédition de cette quittance a été faite par Coſte, Notaire, cet ennemi déclaré des Expoſants, l'Auteur de la conteſtation actuelle, qui eſt venu lui-même la pourſuivre dans cette Capitale, où il s'eſt fait députer par quelques-uns des habitans qu'il a ſéduits. D'après cela François Barbot n'étoit donc pas le frere, mais le fils de Jean Barbot ; & ce Jean Barbot eſt déſigné dans la quittance de 1597 ſous le titre de *Maître Jean Barbot*, *élu Conſeiller pour le Roi en Guienne*, & non pas ſous la qualité de Procureur au Parlement.

Il réſulte de tout cela, que Jean de Barbot, premier du nom, d'où deſcendent les Expoſants en ligne directe, n'a pas plus été Procureur au Parlement, que Conſeiller en l'Election ; que jamais il n'a été lié comme frere avec ce François Barbot, ancien Maire de Saint-Emillion, dont il s'agit dans la quittance de 1597, & encore moins avec François Barbot que l'on dit avoir été Sergent ; que ce Jean Barbot Conſeiller en l'Election, ce Jean Barbot Procureur, ce François Barbot Sergent, & ce François Barbot ancien Maire de Saint-Emillion, ſont autant d'individus qui n'ont autre choſe de commun, avec Jean de Barbot triſayeul des Expoſants, que la conformité de nom, & qui ſont entierément inconnus à ces derniers.

OBJECTIONS

OBJECTIONS.

Contre les titres par lesquels on a prouvé la Noblesse de JEAN DE BARBOT *, premier du nom.*

Contre le titre du 14 Mars 1550, qui eſt un échange paſſé entre Elie du Trimoulet, & Pierre de Barbot *Ecuyer Enſeigne* , frere de Jean de Barbot premier, on nous a dit qu'il ne réſultoit autre choſe de ce titre , ſi ce n'eſt que ce Pierre de Barbot avoit été un aventurier qui s'étant jetté dans le ſervice, étoit parvenu au grade d'Enſeigne , d'où il avoit pris le prétexte de s'arroger la qualité d'*Ecuyer* qui ne lui convenoit pas.

RÉPONSE.

Si l'on vouloit en croire les Adverſaires, il n'y auroit que des aventuriers qui ſe jettaſſent dans le ſervice ; car ils n'ont certainement pas plus de ſujet de le dire à l'égard de ce Pierre de Barbot, qu'à l'égard de tout autre Militaire. Au ſurplus, cet Enſeigne fils & petit fils de *Nobles* & d'*Ecuyers* , qui s'étoient toujours montrés avec ces titres , n'avoit beſoin d'aucun autre prétexte pour prendre la qualité d'*Ecuyer*, que l'exemple & le droit de ſes ayeux.

OBJECTION.

Dans le contrat de mariage du 12 Avril 1605, d'entre Margucritte de Barbot, fille de Jean premier, & le ſieur Durand Avocat , la future épouſe a pris la qualité de *Demoiſelle*, que l'on ſait ne convenir qu'à une perſonne de Condition Noble ; & ſon pere celle de *Noble homme.* C'eſt une entrepriſe, dit-on, de ſa part. C'eſt la premiere fois qu'il a ſuccombé à la tentation de ſe dire *Noble* ; auſſi ſa tentative, continuent les Adverſaires, a-t-elle le caractere de timidité & de crainte ; il n'oſe pas affecter tout de ſuite, la qualité de ſimple *Noble*, qui ſouvent a été priſe par de vrais Gentilshommes ; ni encore moins celle d'*Ecuyer*, depuis long-temps affectée à la Nobleſſe ; il n'a d'abord

F

pris modeftement que la qualité de Noble homme, qui
n'eft point la qualité propre d'un Gentilhomme.

RÉPONSE.   Ce font donc celles de *Noble* & *d'Ecuyer*, qui font les
qualités propres du Gentilhomme, comme l'obfervent eux-
mêmes les Adverfaires : hé bien ! Jean de Barbot, premier
du nom, les avoit alors prifes l'une & l'autre cumulative-
ment par fon contrat de mariage que nous rapportons. Il
eft donc faux que ce ne fût qu'une *tentative* ou une *tentation* lors du contrat de mariage de fa fille, qui elle-même
y a pris une qualification qui défignoit fa Nobleffe d'origine.

D'ailleurs, le titre de *Noble homme*, n'eft pas moins
affecté aux Gentilshommes, que toutes autres qualités
par lefquelles ils fe font connoître : c'eft ce qui eft attefté
par Loizeau chap. 5 de fon traité des Ordres, où il dit que
des Princes du Sang prirent la qualité de *Nobles hommes* ;
& même que dans le Hainault, le *Noble homme* étoit plus
que *l'Ecuyer* ; cette coutume diftinguant les degrés de Nobleffe de cette maniere ; le Pair, le Chevalier, le *Noble
homme* & l'Ecuyer.

Il a été jugé par un Arrêt du Confeil du 23 Octobre
1751, entre les Fermiers du Domaine de la généralité de
Bretagne, & les fieurs de Romançoul, que la qualité de
Noble homme, étoit une qualification de Nobleffe. Ils furent en conféquence de cette qualité qu'avoient prife leur
ancêtres, déchargés de la demande en condamnation du
droit de Franc-fief.

M. le Procureur Général des Requêtes de l'Hôtel, en
portant la parole, il y a peu de jours, dans l'affaire de la
Dame de Melet, contre M. Dafpe, & la Demoifelle de
Vivens, fur la queftion de fçavoir fi la Dame de Melet
avoit époufé un Noble dans la perfonne du fieur de Melet,
afin de recueillir un legs donné fous cette condition, s'ex-
pliqua en ces termes dans fon plaidoyer imprimé fur cette
qualité de *Noble homme* :

» Le nom de *Noble homme* eft à proprement parler, le

» genre ; celui *d'Ecuyer* eſt l'eſpece. Dans le douziéme &
» le treiziéme ſiécle, il ſe donnoit aux Grands Seigneurs,
» aux Souverains-même. *Noble homme feri, Duc de Lo-*
» *raine. Noble homme Henri, Comte de Luxembourg.* Dans
» le quinzieme, dans le ſeizieme ſiecle, cette dénommina-
» tion étoit encore celle qui exprimoit la Nobleſſe. *Noble*
» *homme Guillaume du Chaſtel,* mort en 1441, Pannetier
» de Charles VII, *Noble homme Jacques de Dreux,* vivoit
» en 1514, *Noble homme Bonnaventure d'Harcourt,* vivoit
» en 1537 ».

Enfin, les faſtes même de la Province & de la ville de
Bordeaux, atreſtent que la qualité de *Noble homme* a été
donnée dans les occaſions & les circonſtances les plus écla-
tantes, aux perſonnes les plus diſtinguées du payes. Dans le
Procès-verbal de rédaction de la Coutume de Bordeaux,
parmi les Gentilshommes qui y ont comparus, on apper-
çoit le ſieur *de la Croix, Seigneur & Baron de Savignac,*
avec la qualité de *Noble homme.* Le Corps municipal de
la même Ville eſt compoſé de ſix Jarats, dont deux Gentilshommes, deux Avocats, & deux Négociants. Chacun
de ceux qui ont occupé ces Emplois, a, comme à Paris,
ſon Tableau expoſé dans une des ſalles de l'Hôtel-de-Ville ;
on lit pour légende ou inſcription, au bas de pluſieurs de
ces anciens Tableaux, *Noble homme,* N... Gentilhomme,
Marquis ou Baron.

La critique des Adverſaires quelqu'animée & quelqu'em-
portée qu'elle ſoit, s'eſt montrée impuiſſante contre une
foule d'autres actes, par leſquels on a vu la Nobleſſe de
Jean de Barbot, premier, établie d'une maniere ſenſible.
Ces Adverſaires en avouant que par tous ces titres les qualités de *Noble & d'Ecuyer* lui ont été données, ſe ſont re-
tranchés à regarder comme ſurprennant que dans quelques-
unes de ces pieces, le fils de Jean de Barbot premier, n'ait
été qualifié que *Monſieur Maître Jean Barbort, Avocat au*
Parlement, tandis qu'on donnoit à ſon pere les qualités
plus relevées *d'Ecuyer* & de *Noble.* Cette circonſtance leur
paroît d'autant plus frappante, que Blanquine Dufaux elle-

même, seconde femme & veuve de ce Jean premier, dans son testament, & dans un autre acte, donne à son mari, les titres *d'Ecuyer* & de *Noble*, & ne qualifie son fils que de *Monsieur, Maître Jean Barbot, Avocat au Parlement.*

Quand nous manquerions de réponse à ces foibles observations, le défenseur des Adversaires nous la fourniroit lui-même. Dans l'affaire du sieur de Melet qui vient d'être jugée à son avantage, on lui a opposé l'extrait d'un cadastre où l'on voyoit un sieur de Melet sous la qualité de *Monsieur Maître.* Qu'a répondu le défenseur de nos Adversaires chargé de la Cause du sieur de Melet ? *Qualités qu'on donne dans le même cadastre, à plusieurs Gentilshommes, & entr'autres au sieur du Boutet de Cardouede, qui de l'aveu de tout le monde, est une des meilleures Maisons de la Province.*

Si les premiers Gentilshommes de la Province du Languedoc ont pu, sans mériter de reproches, se qualifier de *Messieurs Maîtres,* un Avocat également Gentilhomme a bien pu dans la Province de Guienne, se renfermer dans les mêmes qualités sans qu'on puisse y redire. On sait d'ailleurs que cette qualité de *Maître,* est celle dont font journellement usage les Avocats, parmi lesquels il se trouve des Nobles très distingués, des fils des premiers Magistrats, & des sujets qui font destinés à remplir les premieres places dans la Robe.

OBJECTION. Jean de Barbot, premier du nom, observent encore les habitans de Saint-Martin de Mazerac, étoit si convaincu qu'il n'étoit pas d'une famille Noble, que dans ses provisions de l'Office de Sécretaire de la Chambre d'Henri IV, il n'a osé prendre ni la qualité de *Noble*, ni celle *d'Ecuyer.*

RÉPONSE. C'est le Roi qui accorde ces provisions ; il lui est bien libre de les donner sous telle dénommination qu'il lui plaît, sans que cela tire à conséquence pour l'état que l'impétrant possede d'ailleurs. Et si cette méprise a échapé à l'attention du Monarque, il ne seroit ni décent, ni possible, ni même important de la faire corriger.

Il eſt donc invinciblement démontré que Jean de Barbot, premier du nom, étoit Noble, & d'une Nobleſſe
épureé qu'il tenoit de Robert de Barbot ſon pere, & de
Joſeph de Barbot ſon ayeul, qui lui-même l'avoit reçue
avec la même pureté de ſes ancêtres.

OBJECTIONS.

Contre Jean de Barbot, ſecond du nom : troiſieme Génération.

Il eſt iſſu de Jean premier. On a remarqué que par ſes
deux contrats de mariage, il avoit pris les qualités de
Noble, de *Meſſire*, de *Seigneur* & de *Baron*. Ses titres
de Nobleſſe ne ſe bornent pas à ces deux contrats : nous
réuniſſons un très grand nombre d'actes où les qualités ca-
ractériſtiques de la Nobleſſe lui ont été données par la
veuve, par ſes parents, & par des étrangers : c'eſt pour
abréger autant qu'il eſt poſſible, que nous n'entrons point
dans le détail de toutes ces piéces. Jean ſecond du nom
étoit donc bien inconteſtablement Noble.

Il ſemble que ce n'ait été que pour garder l'ordre de OBJECTION.
la nomenclature, que les Adverſaires ont haſardé quelques objections contre la Nobleſſe de Jean de Barbot,
ſecond du nom. Leur foibleſſe à cet égard, qui eſt ex-
trême, porte avec elle le caractere de la honte qu'ils en
ont eue. On vient de voir que Jean de Barbot, ſecond,
dans ſes contrats de mariage, & dans une infinité d'actes
également irréprochables, à cent & cent fois pris & reçu
les qualités de *Noble*, de *Meſſire*, *d'Ecuyer* & de *Baron :*
les Adverſaires en avouant cette poſſeſſion, affectent d'en
faire éclater le plus grand étonnement ; & c'eſt la ſeule
défenſe qu'ils y oppoſent. Si parmi cette multitude d'actes, Jean de Barbot s'eſt quelquefois négligemment contenté de la ſimple qualité d'Avocat au Parlement, qu'il
a ſi fort honorée par la célébrité qu'il s'eſt acquis ; les Adverſaires ſaiſiſſent avec empreſſement cette négligence ; elle

eſt la preuve infaillible de la roture de cet *Ecuyer*, de ce *Meſſire*, de ce *Noble*, & de ce *Baron* : c'eſt pour eux une derniere reſſource contre le poids énorme dont les accablent ces qualités multipliées, indicatives de la Nobleſſe de Jean ſecond, & qui ſont *entaſſées* (c'eſt le propre aveu des Adverſaires) dans les actes qui lui ſont relatifs.

Apparemment que rempli d'une haute idée de cette qualité d'Avocat, Jean de Barbot, ſecond, a penſé quelquefois s'honorer aſſez en en prenant le titre, ſans avoir beſoin de rappeller ceux de ſon origine. On l'a vu dans une très-grande quantité d'actes que nous produiſons ſous le même cahier, autres que ceux dont nous avons déjà parlé, prendre indifféremment la qualité d'*Ecuyer*, de *Baron*, & de *Noble*, avec celle d'Avocat ; ou l'une de ces qualités ſans les autres.

A l'égard de l'omiſſion de la qualité de *Noble* dans ſon teſtament, elle doit d'autant moins tirer à conſéquence, qu'on n'eſt point étonné de voir un eſprit rempli comme celui d'un Teſtateur, des grandes idées de l'éternité, oublier, négliger, affecter même de ne vouloir pas s'occuper de ces titres frivoles, qui ne tiennent qu'à la vanité du ſiecle, & qu'un grand Magiſtrat * le plus digne de les réunir tous, à néanmoins appellés *le néant des grandeurs*.

Les Habitans de Mazerac prétendent que ce n'eſt point par humilité, mais par Juſtice, & pour réparer l'uſurpation de Nobleſſe, que Jean de Barbot, ſecond, s'eſt abſtenu d'en prendre la qualité à ſa mort. Pourquoi ſa probité ne lui auroit-elle donc pas auſſi inſpiré de défendre à ſes enfans, à qui il adreſſoit ſes dernieres paroles, de s'arroger comme lui les qualités de *Nobles*, d'*Ecuyers* & de *Barons* ? Il paroît ſenſible que le ſyſtême des Adverſaires porte à faux. Ils ne feroient qu'un demi-juſte, ſi nous oſons parler ainſi, de ce Jean de Barbot, en qui néanmoins ils font parler avec raiſon, les plus grands principes d'équité, de juſtice & de religion. Principes qui lui

euffent effectivement fait confommer l'ouvrage de la ré-
paration, fi c'en avoit été une de fa part.

OBJECTIONS.

Contre PIERRE DE BARBOT DE GOUJONVILLE : *quatrieme génération.*

Nous voici à la quatrieme génération en ligne directe
de la famille des Expofans. M. l'Infpecteur-Général du
Domaine, feul autorifé à combattre la Nobleffe de cette
Maifon, n'a encore rien trouvé à oppofer à Jofeph de
Barbot, fouche primitive, ni aux trois générations qui
en defcendent directement; car les objections qui nous
ont été faites jufqu'à ce moment, font toutes forties de
la bouche des Habitans de Saint-Martin de Mazerac; d'où
il faut conclure d'après M. l'Infpecteur-Général lui-même,
que la Nobleffe des Expofans, cette Nobleffe d'extraction,
dont l'origine fe perd dans l'obfcurité des fiecles, s'eft
tranfmife avec toute fa pureté d'âge en âge, jufqu'à ce
Pierre de Barbot, qui forme ici la quatrieme génération.

C'eft contre la Nobleffe de Pierre de Barbot de Goujonville, uniquement, que M. l'Infpecteur-Général propofe
des doutes: avant de les difcuter, nous avons à donner
une nouvelle idée de la Nobleffe de cet ayeul des Expofans.

Indépendamment de fon contrat de mariage, où il a pris
la qualité de *Meffire*, nous réuniffons d'autres piéces où
fa Nobleffe eft également atteftée; tel eft le contrat de
mariage de Marie de Barbot fa fœur, avec le fieur Berthomieux, où Pierre Barbot de Goujonville a été qualifié de *Noble*. Et il étoit fi notoirement reconnu pour
Gentilhomme, que deux fois durant les guerres civiles,
il fut convoqué avec les autres Gentilshomme de la Province, pour le fervice du Roi. La premiere convocation fut
faite par une lettre qu'il reçut le 23 Janvier 1652, du
Comte de Maure, Commandant de la Province. La fe-

conde se fit par une lettre qu'il reçut le 17 Juillet 1706, de M. de Ferrand, Grand Sénéchal de Guienne, en vertu des ordres de M. le Maréchal de Montrevel, Gouverneur de la Province. Il convient de rapporter ici les termes de cete lettre.

» Monsieur, Monsieur le Maréchal de Montrevel » m'ayant donné ordre de convoquer la *Noblesse de* » *Guienne*, pour le service du Roi, & de vous faire savoir » que vous ayez à vous rendre en diligence à Bordeaux, » sans aucun retardement ; je vous en donne avis, afin que » vous ne manquiez pas de vous conformer aux inten- » tions de Sa Majesté. Je suis, Monsieur, &c. *Signé* DE » MONFERRAND ».

A la réception de cette lettre, Pierre de Barbot de Goujonville se réunit à la Noblesse de la Province. Jean de Barbot, second du nom, son pere avoit été aussi appellé ; & il auroit pensé ne remplir que la moitié de son devoir, & ne servir qu'imparfaitement toute l'étendue de son zèle pour son Prince, s'il se fût montré seul de sa famille. Il avoit trois enfans ; encouragés par l'exemple du pere, ils veulent partager ses malheurs & sa gloire : ils vont comme lui grossir le nombre des généreux Défenseurs de la Couronne. Dans les différens chocs de cette guerre, un de ces enfans est atteint de plusieurs coups ; ce n'est qu'après une longue & vigoureuse défense, qu'il succombe enfin, & perd sur le champs de bataille, une vie que tout homme d'honneur & de courage dut regretter. Un autre des trois enfans éprouva les traitemens les plus rigoureux. On peut dire que cette circonstance fut pour la famille Barbot, l'occasion la plus heureuse d'une nouvelle illustration. Un pere, qui pour la défense de l'Etat, se jette dans les combats, à la tête de ses trois enfans, offre sans contredits, le spectacle le plus rare & le plus attendrissant. Le parti ennemi en est jaloux ; & ne pouvant s'en venger sur la personne de ces braves Gentilshommes, il exerce cette vengeance sur la fortune & les biens de Jean de Barbot, second : le château de Putruault & cinq métairies qui lui appartenoient, font livrés au pillage & à toutes les horreurs de la guerre. Tous ces faits font prouvés par la cinquante-huitieme piéce de la production des Expofans.

A ces titres qui font tous perfonnels à Pierre de Barbot de Goujonville, nous en avons ajouté d'autres & en très-grande quantité, qui fans le regarder directement, n'en contiennent pas moins la preuve la moin équivoque de fa Noblefse ; ils font fpécifiés dans le mémoire plus étendu que nous avons fait imprimer pour la défenfe des Expofans.

M. l'Infpecteur-Général du Domaine prétend que la Noblefse d'extraction que les Expofans réclament, s'évanouit fur la tête de Pierre Barbot de Goujonville leur ayeul, par un effet de fa dérogeance marquée, dit-on, par trois faits. 1°. Il a été Cottifateur & Collecteur de Saint-Emillion : 2°. Il a été mis plufieurs fois à la taille : 3°. Il a pris un bail judicaire. On ajoute en quatrieme lieu que Denis-Romain Barbot fon frere, condamné comme ufurpateur de Noblefse, s'eft foumis à l'amende prononcée contre lui. On fe perfuadera bien que les habitans de Saint-Martin de Mazerac, qui ont fuggéré avec tant de foin, toutes ces objections, à M. l'Infpecteur-Général du Domaine, les ont auffi adoptées de leur côté. Nous allons répondre à la fois à ces deux genres d'Adverfaires.

En reprochant à Pierre Barbot de Goujonville, d'avoir été Cottifateur à Saint-Emillion, M. l'Infpecteur-Général s'appuie fur deux actes qui ont été produits par les habitans de Saint-Martin de Mazerac, qui de leur côté, portent plus loin leurs prétentions ; ils veulent que ce Pierre de Barbot ait auffi été Receveur des impofitions publiques.

Ces deux actes qui font des 27 & 30 Décembre 1764 ne peuvent faire aucune foi en juftice : une foule de raifons vont en convaincre. Ce ne font que deux copies qui ont été collationnées le premier Juin 1764, *parte non vocatâ nec*

G

auditâ, quoique le Procès fût dès-lors pendant à la Cour des Aydes. Il est de regle suivant la doctrine de Dumoulin, sur la Coutume de Paris, *verbo*, dénombrement, §. 8. nomb. 60, que les collationnés faits sans autorité de Justice & sans Parties appellées, ne font aucure preuve. La Peyrere en a fait une décision, lett. P. nomb. 114.

D'aillleurs, ces deux collationnés sont d'autant plus suspects, qu'ils sont faits par ce même Ducarpe, Notaire, qui est ici le moteur & l'artisan de ce Procès. Et ce qui justifie ce soupçon, c'est que ce Notaire a agi contre la disposition de l'Ordonnance de François I. du mois d'Août 1539, art. 117, qui défend expressément « à tous » Notaires & Tabellions, de montrer & communiquer » leurs Regiftres livres & Protocoles, fors aux Contrac- » tans, leurs héritiers & succeffeurs ou autres, auxquels » les droits defdits Contrats appartiendroient notoirement; » ou qu'il fût ordonné par Justice ».

A quoi l'article 178 ajoûte que « depuis que les No- » taires auront une fois délivré à chacune des Parties, » la groffe des Actes, il ne les pourront plus bailler, si- » non qu'il soit ordonné par Justice, Parties ouies, à « peine suivant l'article 179, de privation de leurs Offices, » & des dommages & intérêts des Parties »

Tel est aussi le sentiment de Mornac snr la Loi VI. §4, dig. de *Edendo*, où il observe que le Notaire qui con-trevient à l'Ordonnance qu'on vient de citer, mérite d'être châtié, à l'arbitrage du Juge.

Mais outre que ces collationnés ne méritent aucune attention, par les motifs qu'on vient de relever, il pa-roît encore que l'original d'un des deux Actes n'est pas signé du Notaire; c'est Ducarpe lui-même qui l'attefte. Or la minute d'un Acte non signé du Notaire, n'est qu'un chiffon, parce que c'est la signature de cet Officier public qui donne l'exiftence à l'acte, & qui fait la preuve de la vérité qu'il renferme : il y a d'ailleurs dans ce même acte, des lacunes & des blancs : Boniface, tom. 1. liv. 1. tit. 20, nombre 12. Obferve que l'affectation de laiffer ainsi des blancs, est un indice de fausseté; & que ces espaces en blanc sont une espéce d'infidélité digne de l'animadversion des Magistrats. L'acte est en outre plein d'apostilles & de renvois dont on ne voit aucun rapport avec le corps de l'acte: en un mot, c'est un écrit vague qui ne mérite aucune foi.

L'autre acte du 27 Décembre de la même année, n'en mérite pas d'avantage: car outre qu'on n'y trouve aucun sens, Ducarpe déclare lui-même qu'il y a des mots raturés; radiations qui ne sont approuvées ni du Notaire, ni des Témoins; ce qui rend cet écrit radicalement nul.

Enfin, quand ces deux piéces seroient revêtues de toutes les formes probantes, elles ne prouveroient rien contre les Exposans; car s'il est certain, comme on le prouvera un peu plus bas, que payer la Taille n'est pas une marque infaillible de roture; à plus forte raison, asseoir & répartir cette imposition, n'est pas un acte de dérogeance. MM. les Intendants Commissaires départis, font des Rôles & des taxes d'office, & en cela il sont véritables Cottisateurs. Les Maires, Capitouls, Jurats & Consuls des Villes sujettes à la Taille, font les Rôles, & cottisent eux-même chaque Habitant; ils représentent le Peuple. Ils sont Collecteurs nés, Collecteurs principaux de leurs Villes & de leurs Communautés; ils répondent solidairement du paiement de la Taille, suivant Despeysse, tom. III. tit. 2, art. 14, sect. 2 nomb. 7. Il y a des Gentilshommes parmi ces Officiers Municipaux; peut-on dire qu'ils dérogent dans ces places, & qu'ils perdent leur privilége?

Les Romains ne regardoient pas la levée des impôts, comme une fonction vile & abjecte, *exigendi tributi munus inter sordida munera non habetur, & ideo Decurionibus quoque mandatur. Leg. libertus, 17 § dig. ad Municipal. & de incolis.* Despeysses au lieu cité, tit. 4 sect. 1 nomb. 14, rapporte des Arrêts qui ont obligé dans certains cas, des Prêtres, des Sindics de Chapitre, & des Gentilshommes à faire la collecte de la taille. En un mot, ce n'est point déroger à la Noblesse, ni renoncer à son privilége, que de se prêter aux besoins de sa Communauté, & de contribuer aux nécessités publiques ; il n'y a ni Edits, ni Déclarations, ni Réglemens qui mettent ces fonctions parmi les dérogeances. On voit au contraire, un Arrêt de la Cour des Aydes de Bordeaux, rendu il y a 16 ans en faveur du sieur Laburthe, Ecuyer, qui lui permit de faire la collecte, nonobstant l'opposition que formoit la Communauté attendu sa qualité de Noble.

Pour raisonner dans l'espèce de Pierre de Barbot de Goujonville, les Exposans sont informés qu'il a été Maire de Saint-Emillion ; conséquemment la qualité de cottisateur pendant ce tems-là, étoit de nécessité pour lui, sans qu'elle ait pu nuire à son état particulier, & d'origine.

RÉPONSE à la prétendue imposition de Pierre Barbot de Goujonville, à la taille.

On ne trouvera nulle part, comme l'a lui-même remarqué M. l'Inspecteur Général du Domaine, qu'on cesse d'être Noble, parce qu'on a été imposé à la taille. Il est arrivé, dit la Roque dans son traité de la Noblesse., à la fin du chap. 64, que des plus anciennes & des plus illustres familles, ont été imposées aux tailles, soit par malice, soit par ignorance, ou par animosité & vengeance ; elles n'ont pas cessé pour cela d'être Nobles : s'il en étoit autrement, il n'est pas de Gentilhomme, qu'on n'osât dégrader sans crainte : c'est donc un principe incontestable que payer la taille, sur-tout d'une maniere isolée, vague & momentanée, n'est pas un acte de roture ; comme ne pas la payer, n'est pas une marque de Noblesse. Cette maxime nous est attestée par tous les Auteurs, par Tiraqueau *de Nobilitate*, par Gui Pape quest. 387, par la Roque, ch. 89 ; par Raviot sur Perrier, tom. II. quest. 302, où il s'explique en ces termes. « Ce n'est point déroger à la Noblesse, ni renon- » cer à son privilége que de payer la taille : toute contribu- » tion ou nécessités publiques, n'est ni basse, ni vile ; un » Noble compris dans un rôle de Roturiers, n'est point » dégradé »,

Mais tout ce qui vient d'être dit, n'eſt qu'une queſtion ſuperflue par rapport à l'eſpèce où nous ſommes. Il eſt certain que Pierre de Barbot de Goujonville, n'a pas été impoſé à la taille. Pour premiere preuve de leur allégation, les Adverſaires produiſent un rôle de 1676, qu'ils ont l'inattention, pour ne pas dire l'inexactitude, de qualifier de rôle à tailles, tandis que ce n'eſt qu'un *également* ou une répartition des dettes de la Communauté de Saint-Emillion. Pierre de Barbot de Goujonville, eſt en effet cottiſé ſur ce cahier ; mais on ne doit pas dire pour cela, qu'il ait été impoſé à la taille : il n'a fait que contribuer aux dettes de ſa Communauté : c'eſt une charge que tous les autres Nobles ont dû partager avec les Roturiers : on y voit en effet le ſieur Simard, connu pour être une des meilleures Maiſons Nobles du pays.

On nous oppoſe encore un rôle de 1712, à l'égard duquel on ne ſe pique pas plus d'exactitude, qu'au ſujet du premier. On s'en ſert comme d'un rôle des tailles, ſur lequel on prétend que Pierre de Barbot de Goujonville a été compris. Ce rôle n'eſt que celui du dixieme des revenus de la Paroiſſe de Montaigue : il ne ſeroit par étonnant que Pierre de Barbot de Goujonville, quoique Noble, y eût été cottiſé : tout le monde ſçait que le Noble comme le Roturier, doit payer le dixieme de ſes revenus.

Enfin on parle de cinq extraits de rôles des Tailles pour les années 1691, 1694, 1699, 1712 & 1717. Dans aucun de ces rôles, on ne trouve Pierre de Barbot *de Goujonville* : c'eſt un *Pierre Barbot* ſimplement : il eſt certain que ſous cette ſimple dénomination, ce n'eſt pas le ſieur de *Goujonville* qu'on a déſigné : cela eſt d'autant plus vrai, que jamais on n'a nommé le ſieur de Barbot ayeul des Expoſans, jamais il n'en a été fait mention dans aucun des Actes que les Adverſaires eux mêmes produiſent, dans ceux que nous rapportons, que le ſurnom de *Goujonville* n'ait été ajouté. Il ſeroit bien ſingulier, que cette omiſſion n'eût préciſément & uniquement été commiſe, que lorſqu'il auroit été queſtion de l'impoſition à la Taille. Il y a eu de

rout temps, & il y a encore dans Saint-Emillion & dans les Paroisses qui font limitrophes auffi bien que dans la Province, une multitude de familles roturieres connues fous le nom de *Barbot* : il n'en eft peut-être aucune d'où il ne foit forti des perfonnes, qui au nom de *Barbot* qu'elles tenoient de leur origine, n'aient ajouté celui de *Pierre* : on a donc bien facilement pu rencontrer des contribuables fous le nom de *Pierre Barbot.* Un feul homme a été connu fous celui de *Pierre de Barbot de Goujonville* ; & c'eft celui-là même qu'on ne voit compris dans aucun rôle des Tailles. Pourquoi donc à la faveur de l'éloignement des époques, faire retomber fur lui des faits qui ne le concernent ni ne peuvent le concerner, qui s'appliquent à des perfonnes évidemment différentes ? « Si l'on permettoit de revenir fur la cho-
» fe jugée, difoit le Défenfeur de nos Adverfaires (lors de
» la caufe du fieur de Melet qu'il a plaidée) fous prétexte
» de pareilles pieces, il n'y a point de Maifons en France,
» qui fût à l'abri de pareilles atteintes, foit parce que fou-
» vent, il eft facile de lire comme on veut les titres an-
» ciens, qui pour la plupart du temps, ont été très-mal con-
» fervés ; *foit parce que les noms des familles les plus il-*
» *luftres leur font prefque toujours communs avec d'autres*
» *familles roturieres* ».

Suppofons que Pierre de Barbot vécût, & qu'il eût des contrats fur l'Hôtel de Ville de Paris : on connoît les principes de ce Bureau, & les précautions que l'on y prend pour s'affurer de l'identité des créanciers : qu'une perfonne avec le nom bien prouvé de *Pierre Barbot*, fe préfentât pour recevoir la rente due à *Pierre Barbot de Gonjonville* ; on ne doutera pas que ce *Pierre Barbot* n'éprouvât un refus, attendu la différence qui fe trouveroit entre fon nom de *Pierre Barbot*, & celui de *Pierre Barbot de Goujonville*, énoncé dans le contrat de rente. On diroit avec raifon, ce font deux individus dont l'un eft créaucier & l'autre ne l'eft pas.

C'eft par les mêmes régles de vérité, de fageffe & de prudence, que les Magiftrats doivent voir dans ce *Pierre*

Barbot, qui fut impofé à la taille en 1691, 1694, 1699, 1712, & 1717, une autre perfonne que *Pierre de Bar-bot de Goujonville*.

Si ce Pierre de Barbot de Goujonville eût payé la taille, comment n'auroit-il pas auffi payé les droits de Franc-fiefs, qui font une marque infaillible de roture, aulieu que le paiement de la taille n'en eft point une ? Jamais on n'a contefté que Pierre de Barbot de Goujonville n'eût poffédé des fiefs ; il en réuniffoit plufieurs, & notamment celui de Pleinefelve & celui d'Andron, pour lefquels non-plus que pour aucun autre, il n'a jamais été recherché fous prétexte du droit de Franc-fief.

On voit d'après des obfervations auffi juftes & auffi précifes, que jamais Pierre de Barbot de Goujonville n'a été impofé à la taille. Les Adverfaires font donc bien répréhenfibles d'avoir prétendu contre l'évidence du fait, qu'il y ait été compris comme le dernier des roturiers. Mais de quel nom appeller cette liberté avec laquelle ils ont ofé dire qu'il l'avoit payée *pendant plus de 40 années* ? Eft-ce après l'ilufion d'un grand mot que les Adverfaires ont afpiré, quoiqu'il ne contint qu'une fauffeté frappante ; La vérité a donc pour eux bien peu d'attraits ! On doit toujours tenir pour certain, que c'eft un *Pierre Barbot*, & non pas *Pierre Barbot de Goujonville*, qui a été impofé à la taille : & l'on va voir fi ce *Pierre Barbot* l'a en effet payée pendant 40 ans, comme les Adverfaires n'ont pas rougi de le certifier. C'eft au rôle de 1676 dont nous avons déjà parlé, qu'ils fixent la premiere époque du paiement des tailles, par *Pierre Barbot* : mais on a vu que ce n'étoit point un rôle de tailles : ce n'étoit qu'une répartition des dettes de la Communauté, auxquelles le Noble comme le Roturier eft obligé de contribuer.

En partant de ce rôle de 1676, qui n'eft point un rôle de tailles, les Adverfaires perpétuent le paiement de cette impofition par *Pierre Barbot*, jufqu'en 1717, qui eft le dernier extrait de rôles qu'ils produifent : & ils s'écrient ; *il a payé la taille pendant plus de 40 ans* ! & dans

ce long intervale de temps, combien y a-t-il eu de cotti-
fations faites de la perfonne de ce *Pierre Barbot* ? Les
Adverfaires ne nous en font compter que cinq : car fe font
eux qui les ont produites ; fçavoir les années 1691, 1694,
1699, 1712 & 1717 : ce n'eft donc que cinq années
paiement de tailles, & non pas *plus de 40 ans.*

Enfin, & pour ne rien négliger dans une affaite d'une
telle importance, veut-on que l'impofition à la taille ou
le paiement qu'on en fait, foit un acte dérogeant à la Nobleffe, quoique tous les Auteurs fe réuniffent pour atef-
ter le contraire : veut-on que fous la dénomination de
Pierre Barbot, on ait défigné *Pierre Barbot de Goujonville*
ayeul des Expofans ; qu'il ait payé cinq fois la taille en
40 ans ? Dans ces deux cas même, il n'en réfulteroit rien
de contraire à la Nobleffe des Expofans ; & ce n'eft pas
feulement parce que c'eft une Nobleffe d'extraction, qui
ne fçauroit fe perdre par la faute d'un feul, ainfi que nous
le ferons voir dans un inftant ; mais encore parce qu'à
l'époque de la prémiere impofition, faite de la perfonne de
Pierre Barbot en 1691, le fieur Jean Barbot de Fonbonne,
fils de Pierre Barbot de Goujonville, & pere des Expofans, étoit déjà né, & qu'il ne devoit point participer à
la dérogeance de fon pere, en fuppofant toujours qu'il
fe fût mis dans ce cas.

Quand un Noble a dérogé, pour, connoître l'effet de la dérogeance par rapport à fes enfans, on diftingue
le cas où l'enfant eft né avant la dérogeance du pere, de
celui où la dérogeance a précédé la naiffance du fils ; dans
ce dernier cas, l'enfant participe à la dérogeance du pere ;
parce qu'en naiffant, devant fuivre la condition de fon
pere, telle qu'il l'a alors, il fe fait en lui une impreffion
de la tache de roture, que le pere s'eft imprimée fur lui-
même par fes actions dérogeantes : il n'y a point d'Auteurs qui ayant parlé de la Nobleffe, ne foient convenus
de ces principes.

A l'égard de l'enfant né avant la dérogeance, il n'en eft
pas ainfi, cet enfant, qui comme nous venons de l'obferver

ferver, a pris en naiſſant la condition de ſon pere , eſt né-
ceſſairement né Noble , puiſque ſon pere l'étoit lui-même
*liberi matrem quoad libertatem , patrem quoad familiam
ſequuntur ; Reg. Jur.* Dès-lors cet enfant a acquis irrévocablement ſon état, ſans qu'il fût au pouvoir du pere
d'y apporter le plus leger changement : que ſi le pere déroge enſuite , cette dérogeance lui ſera perſonnelle , & la
tache qui en réſultéra, s'imprimera ſur lui ſeul , ſans qu'elle
puiſſe s'étendre ſur ſon fils déjà né : tous les Auteurs ſe
réuniſſent ſur la vérité de cette déciſion , mais un Réglement fait au Conſeil d'Etat en 1661 , en contient une
diſpoſition préciſe dans l'art. VIII. Il y eſt réglé « que les
» enfans & deſcendans d'un Noble , ne ſeront tenus de
» rapporter aucune lettre de réhabilitation , ſi leur pere &
» leur Auteur n'ont fait des actes de dérogeance avant
» leur naiſſance ».

Or le ſieur Jean de Barbot de Fonbonne , pere des Expoſans étoit né en 1691 , premiere époque de la taille
qu'on oſe attribuer à Pierre Barbot de Goujonville ſon
pere. La naiſſance de Jean de Barbot de Fonbonne , eſt
fixée au 22 Janvier 1678 , d'après ſon extrait baptiſtaire
rapporté par les habitans de Mazerac eux-mêmes. Son état
lui étoit donc irrévocablement acquis , dès le premier inſtant de ſa naiſſance , & ſon pere n'eût jamais pu par des
faits dérogeants poſtérieurs , l'altérer & le changer en aucune maniere.

RÉPONSES
à la qualité de Fer-
mier Judiciaire.

Le bail judiciaire dont on reproche à Pierre de Barbot
de Goujonville de s'être chargé, étoit celui d'une partie
des biens de la Demoiſelle Pipaud ſa ſœur utérine , & ſa
débitrice : ce bail n'étoit que de la ſomme de 290 liv.
chaque année. Nous aurons deux choſes à prouver à cet
égard, 1°. qu'un Gentilhomme qui eſt créancier d'une
partie ſaiſie , peut en être le fermier judiciaire , s'il n'y paroît engagé par aucun autre motif , que pour la conſervation de ſon gage & le recouvrement de ſa créance. 2°.
Que Pierre de Barbot de Goujonville , étoit créancier de

H

la Demoiſelle Pipaud , & qu'il avoit intérêt en cete qualité , à ſe faire adjuger les biens ſaiſis.

Par rapport à la premiere preuve , il ſuffiroit d'obſer-
ver que ce n'eſt pas le bail en ſoi qui fait la dérogeance;
c'eſt le gain vil & ſordide que le Bailliſte ſe propoſe d'y
faire ; c'eſt *ce gain vil & ſordide* , qui déroge à la Nobleſſe de laquelle le propre eſt de vivre de ſes rentes , ou
du moins de ne point vendre ſa peine & ſon labeur , comme le dit Loyſeau , chap. V , nomb. 106.

C'eſt d'après ce principe , que les Auteurs décident que
tout bail pris par convenance , par commodité , où pour
ſoulager ſon débiteur , ou pour quelque intérêt perſonnel
à la conſervation de la choſe ſur laquelle on a des des droits;
ou enfin pour un temps ſi court , qu'on ne puiſſe ſoupçon-
ner aucune vue de lucre , n'emporte point de dérogeance.
Tiraquau *de Nobilitate* , chap. 37. La Roque , page 585.
Duchalard ſur l'art. 109 , de l'Ordonnance de Charles IX.
En un mot , la dérogeance eſt fondée ſur le motif & non
ſur le fait en lui-même. Ainſi , l'on ne déroge point quand
on ſe rend fermier d'une maiſon de campagne pour l'agré-
ment , pour y aller prendre l'air : un Gentilhomme qui
manquant de bois dans ſa Terre , prend à ferme quelques
arpens de taillis , ne tombe point dans le cas de dérogeance. Il en eſt de même s'il ſe rend fermier judiciaire
des biens de ſon débiteur ſaiſi , parce qu'il eſt de ſon intérêt de faire valoir ce bien , & d'empêcher qu'il ne ſe dé-
grade.

Toutes ces exceptions , & notamment la derniere , ſont
conſacrées par des Arrêts. Il y en a un du 27 Août 1608 ,
dans les Plaidoyers de Corbin , pag. 125 , qui a jugé qué
le bail judiciaire des biens du mari , pris par la femme ,
n'emportoit point de dérogeance. Un Arrêt de la Cour
des Aydes de Paris , du 29 Février 1732 , a jugé la même
choſe en faveur d'un Gentilhomme , qui s'étoit rendu fermier judiciaire de ſon débiteur ; cet Arrêt eſt rapporté par
l'Auteur du Mémorial des Tailles *verbo Noble*. Un autre
Arrêt de la même Cour du 10 Juillet 1710 , rapporté par

le même Auteur, a jugé que la Dame de Boilli n'avoit pas dérogé, pour s'être fait céder par son fermier, un autre bail qu'il tenoit, mais qu'elle avoit bientôt après rétrocédé, parce que disoit alors M. l'Avocat Général Bellanger, *cette dérogeance n'étoit qu'une chose momentanée*. C'est enfin ce que le Parlement de Bordeaux a formellement décidé, le 25 Mai 1762, sur les Conclusions de M. Dudon, Avocat Général de cette Cour, à l'occasion de la succession du sieur de Joguet, dont le partage noble a été ordonné, quoiqu'l fût prouvé que le feu sieur de Joguet eût été fermier judiciaire de la Terre de Tarnès.

Quoique l'Ordonnance d'Orléans, art. 109, prononce la peine de la déchéance des priviléges de noblesse contre les Gentilshommes, *qui font trafic de marchandises & prennent ou tiennent fermes ;* cependant cette Ordonnance a dans son exécution, des exceptions comme toutes les autres Loix. Si ce n'est point en vue de faire le commerce, ou d'un gain sordide, qu'un Noble ait pris un bail ; que des vues éloignées, telles que la conservation de sa créance, l'y aient déterminé ; ce n'est certainement pas alors se trouver dans le cas de la prohibition de la Loi, qui n'a voulu écarter de la conduite des Nobles, que tout ce qui pourroit se ressentir du trafic & d'un commerce de détail, car il est certain que le commerce en gros est permis à nos Gentislhommes. C'est dans ce sens que la Roque, dit dans son traité de la Noblesse, chap. 154, qu'un Noble n'a point dérogé pour avoir pris la ferme de quelques dixmes, autrement tout le Royaume seroit pein de dérogeances : ce qui lui fait embrasser ce sentiment, vient de ce que ces nobles ne prennent ordinairement la ferme d'une portion des dixmes, que pour ne pas s'exposer aux incivilités & aux manquemens des domestiques des décimateurs.

Croira-t-on qu'un bail de 290 liv. dont les profits n'eussent peut-être pas été d'une pistole chaque année, ait pu devenir un objet d'ambition assez important, pour qu'un Gentilhomme ait voulu s'en charger, & lui sacrifier sa noblesse ? Pierre de Barbot de Goujouville, en prenant le bail judiciaire des biens faifis fur la **Demoifelle Pipaud**, fa fœur utérine, avoit d'autant moins en vue le gain & le profit, que dans la même année il l'a cédé pour le même prix ; c'eft ce qui eft juftifié par les propres piéces de nos Adverfaires. Et ce qui prouve encore qu'il ne fe propofoit autre chofe que de veiller à la confervation de ces héritages, pour affurer fa créance, c'eft qu'il a eu le foin de ne céder ce bail qu'à une perfonne créanciere & intéreffée comme lui à cette confervation, mais qui n'étant pas noble, ne devoit point avoir la même délicateffe que Pierre de Barbot de Goujonville. C'eft au fieur Labayfme, que cette ceffion fut faite ainfi que cela s'établit par la production des habitans de Mazerac. Le fieur Labayfme étoit beaufrere de Pierre de Barbot de Goujonville, avoit époufé Anne de Barbot fa fœur, & partageoit avec lui, la créance confidérable que cette famille avoit à exercer contre la Demoifelle Pipaud, Partie faifie, leur fœur utérine d'un premier mariage de Marie Boireau leur mere avec Hervé Pipaud.

Créance de Pierre de Barbot de Goujonville fur la Demoifelle Pipaut, Partie faifie.

Il faut prouver que Pierre de Barbot de Goujonville, qui a été fermier judiciaire pour une fomme de 290 liv. des biens faifis fur la Demoifelle Pipaud, étoit créancier de cette partie faifie.

Il eft conftaté par le contrat de mariage de Jean de Barbot fecond du nom, & de Marie Boireau, fa feconde femme, pere & mere de Pierre de Barbot de Goujonville, adjudicataire, que la Dame Marie Boireau avoit été mariée en premieres nôces avec le fieur Hervé Pipaud, dont elle avoit eu deux filles, Marie & Charlotte.

Par un acte du 23 Décembre 1628, on voit que Marie Boireau, veuve d'Hervé Pipaud, a fommé le fieur Jean Pipaud fon beau-pere, comme ayeul & légal adminiftrateur de fes petits-enfans, de lui faire raifon de fes reprifes & conventions matrimoniales ; & que cette Marie Boireau avoit des droits & des fommes confidérables à répéter fur les biens de fon mari. Ces droits ont été tranfmis à ſes enfans du ſecond mariage, avec Jean de Barbot ſecond du nom. Au nombre de ces enfans étoient Pierre de Barbot de Goujonville, & Denis-Romain de Barbot. La preuve de cette créance réſulte encore d'un accord paſſé entre ce Denis-Romain Barbot & le ſieur Boireau, beau-pere, en conſéquence d'une Sentence de 1671. Les biens d'Hervé Pipaud ayant été ſaiſis ſur la tête de Marie Pipaud, l'une de ſes deux filles & ſœur utérine de Pierre de Barbot, ce dernier pour la conſervation des droits qu'il avoit à répéter ſur ces biens du chef de ſa mere, s'en fit adjuger le bail judiciaire, comme on l'a vu, moyennant 290 liv.

Indépendamment des titres dont nous venons de parler, indicatifs de la créance de Pierre de Barbot de Goujonville ſur la Demoiſelle Pipaud ſa ſœur, nous en réuniſſons d'autres qui conſtatent les pourſuites faites contre elle, ou contre ſon tuteur, pour le recouvrement de la même créance : c'eſt la dot de la mere de Pierre de Barbot de Goujonville, ce ſont ſes conventions matrimoniales qu'il s'agiſſoit de répéter contre la Demoiſelle Pipaud ſa fille ; des Arrêts en ont prononcé la condamnation ; les Expoſans rapportent toutes ce piéces.

Ainſi dès que Pierre de Barbot étoit inconteſtablement créancier de la famille des Pipaud ; que le bail judiciaire par lui pris, étoit un arrangement entre parens, ainſi que cela réſulté de la modicité du prix du bail, & des qualités de frere & de ſœur qui lioient Marie Pipaud, Partie ſaiſie, & Pierre de Barbot de Goujonville, on ne peut pas dire d'après les principes que nous venons d'expoſer, que ce bail judiciaire ait été un acte dérogeant de la part de Pierre de Barbot de Goujonville. Ce n'étoit pas dans l'objet de gagner, ni dans aucune vue d'intérêt ſordide qu'il l'avoit pris ; c'étoit uniquement pour ne pas perdre ſon gage, pour s'en conſerver la valeur, *non certabat de lucro captando, ſed de damno vitando.* On ne doit point croire qu'un homme qui s'étoit marié comme noble, qui en avoit pris la qualité dans ſon contrat de mariage, qui avoit eu l'honneur, comme Gentilhomme, d'être appellé deux fois avec tous les autres Gentilshommes de la Province, qui étoit iſſu d'ayeux qu'on n'avoit ceſſé de connoître ſous les titres honorables de *Nobles d'Ecuyers*, de *Meſſires* & de *Barons*, dont la mere avoit toujours pris ſoigneuſement celui de veuve de noble, dont les freres & les ſœurs n'avoient jamais contracté ſous d'autres qualifications : on ne doit pas croire, diſons-nous, que cette même perſonne ait jamais entendu, ni voulu, dans le bail judiciaire dont il vient d'être parlé, déroger, ſe dégrader & perdre ſes priviléges de noble ; préférer de ramper dans la claſſe roturiere, à vivre dans l'éclat d'une Nobleſſe de race & d'extraction ; enfin manquer à l'honneur, aux ſentimens, à ce qu'il devoit à ſes ancêtres, à ſa famille, à lui-même ; & encore, pour quel objet ? pour un bail judiciaire de 290 liv.

La dérogeance dans le cas de la Nobleſſe d'extraction ne nuit point au deſcendans.

Mais quand il ſeroit vrai que Pierre de Barbot de Goujonville, ayeul des Expoſans, auroit dérogé, ce que nous ſommes loin d'accorder & de croire ; en le ſuppoſant pour un moment ; on ne pourroit pas dire que les Expoſans en fuſſent pour cela moins nobles de race & d'extraction, du chef de leurs autres ancêtres ; il ſuffit pour le prouver de rappeller les principes à cet égard.

Monſieur Joly de Fleury portant la parole lors d'un Arrêt rendu ſur cette matiere, à la Cour des Aydes de Paris, le 9 Août 1702, rapporté au 5ᵉ. vol. du Journal des Audiences, remarquoit deux choſes dans le nobleſſe, le caractere de la nobleſſe & les effets de la nobleſſe. Le caractère de la nobleſſe eſt ce qu'on appelle *fama, honos, claritas* : c'eſt ce qui conſtate l'état du Noble & le diſtingue du roturier : les effets ſont les priviléges, les exemptions, les rangs, les ſéances, qui ſont une ſuite de la nobleſſe.

Le caractère de la nobleſſe eſt une marque morale qui s'imprime en la perſonne Noble ; c'eſt ce qui a fait dire à Expilly, que la nobleſſe eſt le ſang le plus pur du corps de l'Etat. Cette marque ſe tranſmet avec les principes de vie, & ſe trouve tellement attaché à la perſonne, qu'elle ne peut en être séparée. Tous les Auteurs * conviennent, que le noble n'a pas le droit de renoncer au caractere de noblesse, d'en intercepter le cours & d'empêcher qu'il ne passe à ses descendans, parce que leur vocation provient du bénéfice de la Loi, qui a voulu que l'on succédât à la noblesse par la naissance; c'est un droit de la nature, c'est celui du sang: & comme il n'est possible à qui que ce soit, de rompre les liens de la consanguinité, *quia jura sanguinis nullo jure civili dirimi possum*, *Lege 8 Dig. de Reg. Jur.* Il ne l'est pas davantage d'arrêter la noblesse, qui se communique avec le sang.

Il n'en est pas ainsi des effets de la noblesse. Ce sont des priviléges personnels, auxquels il est permis de renoncer. *Qui libet favori pro se introducto-renuntiare potest.* Ce qui n'a point d'aplication pour le caractere de la noblesse, parce que, 1°. il ne seroit plus indélébile, comme il l'est essentiellement; 2°. parce que ce caractere n'est pas introduit pour un seul homme, mais pour ses descendants à perpétuité, sans qu'il puisse leur porter préjudice, par une renonciation.

La renonciation, par rapport aux effets de la noblesse, & que l'on appelle la dérogeance, peut être considérée de deux manieres; ou comme une renonciation faite aux priviléges de la noblesse, ou comme une chose prohibée par la Loi, qui fait perdre ces priviléges: dans l'un & l'autre cas, la renonciation ou la dérogeance fait bien perdre à celui qui déroge, les effets & les priviléges de la noblesse, mais elle ne peut jamais lui en enlever le caractere qui de sa nature est ineffaçable: nous attestons avec confiance à cet égard le témoignage de tous les Auteurs; & notamment celui de Guy Pape, dans sa décision 196.

Si le pere en dérogeant, ne perd pas le caractere qui lui est inhérent de la Noblesse, que lui ont transmis ses ayeux, il en prive bien moins encore ses enfans qui ne le reçoient pas de lui seul. C'est le sentiment de Loiseau n°. 99; c'est celui de Chassanée sur la Coutume de Bourgogne, qui s'exprime ainsi. « Un pere qui seroit Noble

* Loiseau, ch. 5 n°. 90. De la Roque, ch. 155. D'Argentré sur l'art. 155 de la Coutume de Bretage, tom. 2. n°. 1 Chassanée, sur celle de Bourgogne. Rébuffe, sur les Ordon. Royaux, tom. 2.

» de race, ne peut préjudicier par l'exercice des Arts Mé-
» chaniques, à ses enfans, encore qu'ils fussent conçus &
» nés au temps que leur pere exerçoit l'Art méchanique ».
C'est ce qu'à très-énergiquement exprimé Antoine Faber
dans son Code Liv. 9 titr. 28 Déf. 1. Comme les paroles
en sont très-importantes pour notre sujet, il est nécessaire
de les rappeller. «. *Qui nobilitatem habet ab avis & proavis,*
» *non idcirco eam amittit quod patrem habuerit qui Mecha-*
» *nicas forte & obscuras Artes exercent ; absurdum enim à*
» *patre solo auferri filio fuit, quod non à solo patre filius*
» *habet* ».

    « La noblesse de race ne se perd point, dit de la Roque,
» chap. 155, ni par le délit ni par l'infamie, ni par la Sen-
» tence de condamnation, laquelle ne peut nuire aux en-
» fants, ni même à ceux qui seroient conçus depuis la
» prononciation de l'Arrêt & de la Sentence ; car ils
» doivent-être reconnus pour Gentilshommes, du chef
» de leurs autres Ancêtres ».

    Lorsque nous avons entrepris de prouver, comme nous
nous flatons d'y avoir réussi, que le Noble qui déroge, n'est
point déchu du caractere de la noblesse, qu'il n'en perd
que les effets, & qu'il n'enleve ni l'un ni l'autre à ses descendants, nous avons eû intention de faire sentir, qu'en
envisageant les choses, sous les points de vue même les
plus favorables à la passion de nos Adversaires, leur systême
n'en croule pas moins, & les droits des Exposants n'en
conservent pas moins toute leur vertu.

Denis-Romain Barbot, disent les Adversaires, qui étoit
frere de Pierre de Barbot de Goujonville, votre ayeul, a
éprouvé le 12 Avril 1667, comme usurpateur de Noblesse,
une condamnation d'amende de 174 livres. Ce jugement
qui n'a jamais été attaqué, forme une preuve suffisante de
la roture de votre famille.

    Les Adversaires ne rapportent point ce prétendu Juge-
ment ; il seroit cependant bien important, s'il existe, ou
s'il a jamais été rendu, d'en connoître les dispositions, &
même

même les termes dans lesquels elles sont conçues. Ce jugement se trouve simplement énoncé dans un rôle des amendes que les Adversaires produisent, qui paroît avoir été arrêté au Conseil, contre tous les faux Nobles qu'on avoit poursuivis dans une recherche générale, & qu'on avoit condamnés sous le titre d'usurpateur de la qualité de *Nobles* & *d'Écuyers*.

Dans ce rôle des amendes, on trouve, à la vérité, un article qui concerne Denis-Romain Barbot : voici les termes de cet article, « Denis-Romain Barbot habitant de » Saint Emillion, condamné par jugement dudit sieur Pel» lot, du 12 Avril 1667, pour avoir indûment pris & » usurpé la qualité d'Ecuyer, de laquelle il s'est volontai» rement désisté ; payera la somme de...... »

La somme est en blanc. Ce ne doit être qu'un projet de condamnation, dont Denis-Romain Barbot aura prévenu l'effet par la justification de ses titres : ce qui paroîtra d'autant plus vraisemblable, que le jugement de M. Pellot, auquel cet article du rôle des amendes doit être relatif, n'est point produit, & ne pourroit l'être qu'avec des lacunes semblables, qui n'annonceroient qu'un projet de jugement.

Mais en supposant que ce jugement existât, & qu'il contînt une décision positive, les Exposans ne feroient pas forcés de l'attaquer, s'ils ne le vouloient. On n'est obligé d'attaquer que les jugemens qui nous sont personnels : or celui que l'on dit avoir été porté contre Denis-Romain Barbot, n'est personnel à aucun de ceux dont descendent les Exposans en ligne directe ; & l'on doit regarder comme étranger à cette ligne, tout ce qui se passe dans la collatérale : il n'est pas possible de douter de ce principe, sans renverser les familles les plus illustres, & qui se montrent avec le plus d'éclat. Cependant pour ne rien négliger, les Exposans ont pris le parti de former une tierce-opposition à ce prétendu jugement, en ce qu'on voudroit, contre toute vérité, en induire que les Exposans sont issus d'une famille roturiere, & qui n'a jamais joui de la Noblesse.

I

C'eft comme ufurpateur, difent les Adverfaires, que Denis-Romain Barbot a été condamné ; ce qui dénote une roture originaire qu'il a dû néceffairement partager avec Pierre Barbot de Goujonville fon frere.

Denis-Romain Barbot, en le fuppofant en effet condamné, aura pu fe montrer affez négligent pour ne pas défendre fon état d'origine, ou n'aura pas eu dans ce moment les pieces néceffaires pour l'établir ; ou enfin, aura préféré à fon état de Noble, un état de dérogeance qui lui fera devenu utile du côté de la fortune, par quelques entreprifes de commerce : mais, ni fa négligence, ni les obftacles qu'il éprouvoit, ni fes vues intereffées n'ont pu nuire à ceux de la ligne dans laquelle il n'étoit pas. S'il a été pourfuivi, apparemment la dérogeance habituelle dans laquelle il vivoit, comme l'obfervent eux-mêmes les Adverfaires, aura déterminé les Commiffaires chargés de la recherche des faux Nobles, à diriger contre lui quelques pourfuites. On lui aura d'abord fait des défenfes de fe qualifier de Noble, & de s'en arroger les droits, pour y avoir renoncé par quelques actes dérogeants : contre ces défenfes il aura voulu allier en fa perfonne, des qualifications qui ne font dûes qu'à ceux qui fe confervent fans altération, dans leur état de noble : pour faire ceffer un mêlange fi contraire à l'honneur de la Nobleffe, on aura pourfuivi Denis-Romain Barbot comme ufurpateur d'un état qu'il avoit eu en naiffant, mais auquel il avoit renoncé depuis, & dont il lui avoit été défendu de prendre les caracteres. C'eft dans ce fens qu'on doit envifager cette condamnation qu'on fuppofe avoir été prononcée contre Denis-Romain Barbot ; & cela paroîtra d'autant plus vraifemblable, qu'aucun de fes parens, ni fon pere, ni fes freres, qui jouiffoient publiquement de leur état de Nobles, à l'époque de cette prétendue condamnation, n'ont été pourfuivis, tant ils étoient connus, & tant la Nobleffe de leur conduite répondoit à celle de leur origine.

De cette condamnation fuppofée contre Denis-Romain

Barbot, les Adversaires tirent une conséquence qui ne sauroit être plus opposée à celle qui doit naturellement résulter des circonstances où se trouvent les Parties. Puisque Denis-Romain Barbot, disent-ils, a été condamné comme usurpateur de noblesse, c'est une preuve que lors de la recherche qui occasionna ce jugement de condamnation, la famille Barbot n'avoit pas échappé à cette inquisition ; & s'il étoit vrai que le pere, les freres & les parens de Denis-Romain Barbot eussent pris les qualités de *Nobles* & d'*Ecuyers*, le Commissaire n'auroit pas manqué de les attaquer aussi comme usurpateurs, & de les condamner à l'amende portée par les Loix.

Tel est le raisonnement des Adversaires : voici celui des Exposans. S'il est en effet constant & bien prouvé que le pere, les freres & les autres parens de Denis-Romain Barbot, ont publiquement pris les qualités de *Nobles*, d'*Ecuyers* & de *Barons*, dans le même tems qu'on suppose que ce dernier éprouvoit la condamnation portée contre lui ; il s'ensuivra que dès là, que *cette famille Barbot qui n'avoit pas échappé à l'attention du Commissaire*, n'a pas été attaquée comme coupable d'usurpation de Noblesse ; elle étoit véritablement Noble, connue & avouée comme telle par ceux mêmes qui avoient charge de contester cette qualité ; or nous avons fait voir, & nous allons encore prouver par les titres les plus solemnels, les moins équivoques & qui sont de ceux qu'on exige en Justice pour constater la Noblesse, que ce pere, les freres & les sœurs de Denis-Romain Barbot, ont pris toutes les qualités honorables qui conviennent à la Noblesse, sans en avoir jamais adopté aucune de dérogeante : & c'est ce que les Adversaires n'ont pas encore osé reprocher à cette famille toujours envisagée dans la ligne directe.

En admettant donc l'existence de la condamnation dont il s'agit, quelle qu'en puisse avoir été la cause, il faudra conclure que les effets n'en doivent rejaillir que sur Denis-Romain ; qu'ils ne sauroient tirer à conséquence contre

Pierre de Barbot de Goujonville, ni contre ses autres freres & sœurs, puisqu'ils étoient véritablement Nobles de
naissance, & qu'ils en ont publiquement pris les titres &
les qualités sans aucun trouble ; c'est ce qu'il nous faut
encore prouver de la maniete la plus satisfaisante.

Jean de Barbot, second du nom, eut sept enfans,
Pierre de Barbot de Goujonville, ayeul des Exposans ;
Denis-Romain de Barbot, que l'on prétend avoir subi la
condamnation ; Jean de Barbot, célebre Avocat au Parlement de Bordeaux & Jurat de la même Ville ; Pierre de
Barbot, Chanoine-Aumônier à Saint-Emillion ; Anne de
Barbot mariée au sieur Labaysme ; Marie de Barbot,
mariée au sieur de Berthomieux ; & Louise de Barbot, Religieuse à Fontevrault.

On ne peut pas douter que Pierre de Barbot de Goujonville n'ait été reconnu pour Noble : il prend dans son
contrat de mariage, la qualité de *Messire* ; celle de *Noble*
lui est donnée dans le contrat de Marie de Barbot sa sœur,
avec le sieur Berthomieux ; deux fois on l'a vu convoqué
& appellé comme les autres Gentilshommes de la Province,
pour le service du Roi en 1652 & 1706.

Jean de Barbot, frere de Pierre de Goujonville, n'a pas
moins pris & reçu que lui, les qualités de *Noble* & d'*E-
cuyer*. Cela nous est attesté par une très-grande quantité
d'Actes que nous avons produits dans l'Instance. Et ces
qualités lui convenoient si fort & étoient tellement l'effet
de sa Noblesse, que les Adversaires n'ont pas osé le lui
contester. Ils ont été réduits à prétendre que sa Noblesse
étoit celle qu'il avoit acquise en exerçant la Jurade à Bordeaux. Cette assertion est une indiscrétion impardonnable
de la part de gens qui, résidants en Guyenne, savent à n'en
pouvoir douter, que la Jurade à Bordeaux n'annoblit point;
mais il y a mieux : c'est en 1668 que Jean de Barbot a été
fait Jurat, cela est attesté par un certificat que les Jurats de
Bordeaux ont donné le 26 Février 1760, & que nous rapportons : veut-on pour un moment, que la Jurade annoblit-

fe ? elle n'a certainement pas pû conférer cet aventage à Jean de Barbot avant qu'il n'eût été nommé Jurat, c'eſt-à-dire, avant 1668, qui eſt l'époque de ſa nomination : or on voit que long-tems avant ce tems-là, Jean de Barbot à pris les qualités de *Noble* & d'*Ecuyer*, il les a priſes ou reçues dans ſon contrat de mariage du 29 Juin 1641, dans celui de Pierre de Goujonville, ſon frere, du 5 Janvier 1667, & dans des Actes de 1641 & 1648 que nous avons déjà produits. Ce n'eſt donc point ſa Jurade qui l'a anobli ; il avoit ſa Nobleſſe commune avec Pierre de Goujonville ſon frere. *

Pierre Barbot, Chanoine, leur autre frere, les a imités dans les qualités de *Noble* & d'*Ecuyer* qu'il a priſes. Les Adverſaires trouvent ridicule qu'un Eccléſiaſtique ait eu cette vanité. Ce n'eſt point le ſentiment qu'y a mis ce Chanoine, que nous cherchons ici ; c'eſt ſon droit & l'uſage qu'il en a fait : un Eccléſiaſtique ne peut tirer ſa nobleſſe que de ſon origine ; & il ne peut avoir que celle de ſes freres.

Anne & Marie de Barbot, leurs ſœurs, ont été mariées : par-là, elles ont perdu leur état pour prendre celui de leurs maris, dont il ſeroit inutile de s'occuper.

Il reſte une autre fille ; c'eſt Louiſe de Barbot leur ſœur : elle ſe fit Religieuſe au Paravis, Abbaye de Fontevreault. Tout le Monde ſçait, qu'on ne reçoit dans cet Ordre, que des Demoiſelles de condition. Par le contrat d'entrée en Religion du 14 Novembre 1657, on voit que Louiſe de Barbot alloit ſe réunir à des perſonnes du plus grand nom, & de Maiſons les plus illuſtres. Ces filles qu'une naiſſance ſi relevée ne rendoit pas moins recommandables que leurs vertus, jalouſes des principes de leur fondation, auroient-elles admis parmi elles, Louiſe de Barbot, ſi ſa nobleſſe n'eût pas été bien conſtatée ? Ç'eut été une infraction de la Régle, dont on n'avoit point encore vu d'exemple.

Il réſulte de cette nobleſſe ſi conſtamment & ſi ſolemnellement reconnue dans les freres & ſœurs de Denis-Romain

Barbot, que la condamnation prononcée contre lui le 1 2
Avril 1667, si jamais elle a existé, ne peut & ne doit regarder que lui seul ; qu'il a perdu l'état que ses ayeux lui
avoient transmis; que cette perte est la conséquence des faits
qui lui étoient particuliers ; & que quelque cause qu'elle
ait, elle ne peut étendre ses effets sur les freres & sœurs,
sur Pierre de Barbot de Goujonville, dont descendent les
Exposans.

Nous croyons avoir discuté avec avantage les moyens
que M. l'Inspecteur Général du Domaine a employés
contre la noblesse des Exposans. Tous ces moyens portent,
comme on l'a vu, uniquement sur la tête de Pierre de Goujonville ; ni ses auteurs, ni ses descendans en ligne directe,
n'ont éprouvé uncun reproche de la part de cet Adversaire. Préjugé bien favorable, sans doute, contre tous les
écarts dans lesquels on donné les habitans de Mazerac.
Outre les objections qu'ils ont partagées avec l'Inspecteur
Général du Domaine, contre Pierre Barbot de Goujonville, ils en ont encore fait qui leur sont particulieres &
que nous allons examiner.

OBJECTIONS

Particuliers des habitans de Mazerac, contre Pierre Barbot
de Goujonville.

Ils rapportent quelques actes dans lesquels Pierre de Barbot de Goujonvilie n'a pas pris la qualité de *Noble*. Ce ne
font que des omissions de qualité ; & comme l'a très-bien
observé lui-même l'Inspecteur Général du Domaine ; elles
ne sçauroient tirer à consequence, ni présenter de moyens
contre la noblesse de Pierre de Barbot de Goujonville ; avec
d'autant plus de raison, que dans une infinité d'autres circonstances, il a pris & reçu les qualifications qui ne conviennent qu'à un noble, & que jamais il n'a pris de qualités
dérogeantes.

Les Adverſaires, ſans moyens contre la ligne directe, s'efforcent d'en chercher dans la collatérale pour les faire réfléchir contre la premiere : comme ſi cette maniere de combattre la nobleſſe étoit admiſſible. Ils produiſent pluſieurs actes où des parens collatéraux n'ont pas pris la qualité de *Nobles*, où ils ont même donné la preuve de quelques faits dérogeans de leur part. Tout cela eſt abſolument étranger à la nobleſſe des Expoſans : c'eſt uniquement dans la ligne directe qu'il faut puiſer les moyens auxquels ils aient à défendre ; & c'eſt la raiſon pour laquelle ils ſe diſpenſeront de ſuivre les Parties adverſes dans toutes ces obſervations étrangeres.

Le contrat de mariage de Pierre de Barbot de Goujonville du 8 Janvier 1667, dans lequel on lui donne le titre de *Meſſire*, & à ſes freres, ceux de *Nobles* & de *Meſſires*, n'eſt qu'une dériſion, ſuivant les Adverſaires, un collationné qui ne mérite aucun égard ; & l'on invoque tous les Réglemens à ce ſujet : c'eſt une expédition faite après coup ; les ſieurs de Barbot ne ſe la ſont procurée que pour le beſoin de leur cauſe en 1759 : *il eſt révoltant qu'ils aient l'audace de ſe prétendre nobles ſur le fondement d'une pareille piéce.*

OBJECTIONS des habitans de S. Martin de Mazerac, contre les titres qui juſtifient la nobleſſe de Pierre de Barbot de Goujonville.

Les Adverſaires emploient aux moins ſix pages de leurs écritures à ſe déchaîner ainſi contre cette piéce collationnée ; & l'on voit au vif intérêt qu'ils y mettent, qu'ils attachent à cette heureuſe circonſtance, leur principale reſſource. Quelle en eſt la raiſon ? C'eſt qu'ils ont imaginé que les Expoſans n'ayant pas la groſſe originale de ce contrat, puiſqu'ils ne la repréſentoient point, ſeroient perpétuellement hors d'état de défendre au reproche qu'on leur faiſoit de ne pas la produire, & aux conſéquences qu'on en faiſoit réſulter. Mais on va donner aux Adverſaires toute la ſatisfaction qu'ils peuvent déſirer à cet égard. Nous rapportons cette groſſe originale qu'ils feignent d'ambitionner, & que plus ſincérement ils redoutent. Nous ne la produirons que par copie ſignée du Défenſeur des Expoſans, parce que le mauvais état dans lequel l'a reduite son ancienneté, ne permet pas qu'on la confonde avec les autres piéces de l'Inſtance : nous aurons ſoin de la mettre ſous les yeux de M. le Rapporteur ; on la communiquera même de la main à la main, à l'Avocat des Adverſaires, s'il le juge à propos. Nous obſerverons que dans ce contrat, Pierre de Barbot de Goujonville, en vertu du droit que lui donnoit ſa nobleſſe, ne ſe ſoumet pour l'exécution de l'acte, qu'à la Juriſdiction du Sénéchal de Guyenne, ou de tous autres Juges reſſortiſſans nuement au Parlement; n'étoit-ce pas bien ſolemnellement confirmer l'idée qu'il vouloit donner, & qu'il avoit lui-même, de ſon état de noble ?

Si l'on ne ſe tenoit en garde contre les clameurs inſidieuſes des Adverſaires, on pourroit ſe perſuader que les Expoſans n'ont fondé leur généalogie que ſur de ſimples expéditions collationnées. Tous les contrats de mariage, au contraire, (celui de Jean de Barbot de Fonbonne excepté) ſur leſquels ils établiſſent leur deſcendance directe de Joſeph de Barbot leur premier auteur connu, ſont des groſſes originales, expédiées par les mêmes Notaires qui en avoient retenu les minutes : circonſtances bien eſſentielle à remarquer.

On prétend que les lettres qui furent écrites à Pierre de Barbot de Goujonville, lors de la convocation générale de la Nobleſſe de Guyenne, ne le regardent point, & qu'elles ont été adreſſées à d'autres ſous le même nom. On ne rapporte aucune preuve de cette allégation ; il ſuffit, d'ailleurs, de combiner les dates pour s'aſſurer qu'elle ne pouvoient regarder que Pierre de Barbot de Goujonville. D'un autre côté, les Adverſaires ne nous diſent point qu'il y ait eu d'autres Maiſons nobles en Guyenne, ſous le nom de Barbot, ni que ces lettres duſſent leur être relatives.

Tous les autres titres que nous rapportons, & qui ont été produits comme une conſéquence néceſſaire de la nobleſſe de Pierre de Barbot de Goujonville, n'ont été regardés par nos Adverſaires, que comme un effet du beſoin

qu'ils

qu'ils prétendent qu'ont les Expofants de puifer dans la ligne collatérale, des reffources que leur refufe la ligne di- recte : comme fi nous n'avions pas établi la nobleffe de chacune des générations dont cette ligne directe eft com- pofée, par des titres en forme & inattaquables *.

Nous ne croyons pas qu'il refte rien à defirer fur la preuve la plus conftante de la nobleffe de Pierre de Barbot de Goujonville.

O B J E C T I O N S.

Contre Jean de Barbot de Fonbonne, troifieme du nom. Cinquieme Génération.

On fe rappelle que M. l'Infpecteur Général du Domaine n'a rien trouvé à redire contre la nobleffe de Jean de Bar- bot de Fonbonne, troifieme du nom. Les habitans de Ma- zerac ne lui reprochent qu'une omiffion de la qualité de *Noble* dans quelques actes, fans ofer dire qu'il ait jamais pris aucune qualification tendante à dérogeance. Une omif- fion de qualité, nous le répétons, n'eft ni une indication pofitive de roture, ni une circonftance réfolutive de la nobleffe qui eft déjà acquife & manifeftée par une infinité d'autres endroits. Ce même Jean de Barbot de Fonbonne, a pris la qualité d'*Ecuyer*, par fon contrat de mariage, & s'y eft dit fils de Pierre de Barbot de Goujonville, auffi *Ecuyer*. De ce qu'il a été qualifié de *Bourgeois*, il ne ré- fulte point de dérogeance de fa part ; c'eft ce qu'attefte de la Roque : Traité de la Nobleffe, chap. 84. Les meilleures Maifons ne dédaignent pas de prendre ce titre. Les Gen- tilshommes les plus anciens s'en font expédier des bre- vets, qu'on appelle *Lettre de Bourgeoifie* : elles leur don- nent le droit, au moins en Guyenne, de participer à cer- tains priviléges Bourgeois, dont ils ne jouiroient pas fans ces Lettres.

* Ce n'eft pas la premiere fois que ces titres ont vu le jour : ils ont été produits en 1708, dans une Inftance engagée au Parle- ment de Bordeaux, dans laquelle Fran- çois de Barbot in- quiété fur fa noblef- fe, la juftifia par la repréfentation de ces mêmes titres; l'Arrêt de cette Cour, en les vifant, a mis le fçeaux à la vérité qu'ils renfer- moient.

Ils ont été repré- fentés deux fois à la Cour des Aydes, & difcutés deux fois avec fcrupule, par le Procureur Géné- ral de cette Cour: Les fieurs de Barbot les produifent au- jourd'hui pour la quatrieme fois : ils le font avec plaifir : c'eft affurer à leur nobleffe un nouvel éclat.

K

OBJECTIONS

*Contre Pierre de Barbot de Pleinefelve , ancien Officier d'In-
fanterie , & Jean-Baptiste de Barbot de Larcis , ancien
Garde-du-Corps , fils l'un & l'autre de Jean de Fonbonne , & Parties au procès : sixieme Génération.*

Les habitans de Mazerac n'objectent rien contre le sieur
de Barbot de Larcis : il a pris la qualité de *Noble* & d'*E-
cuyer* par son contrat de mariage : il l'a prise à chaque occasion qui s'en est offerte, & notamment dans une transaction passée entre lui & le sieur Colondre, le 27 Décembre 1759, & dans un contrat de vente consentie en sa faveur, le 23 Janvier 1764, par la Demoiselle des Essarts.

On oppose à Pierre de Barbot de Pleinefelve son frere,
trois actes, dans deux desquels il n'a eu que la qualité d'ancien Officier d'Infanterie ; & dans le troisieme, celle de
Pierre de Barbot, sieur de Pleinefelve : enfin on nous parle
d'un Arrêt du Parlement de Bordeaux du 23 Février 1759,
où il a été qualifié de Bourgeois de Coutras : on conclut
de-là, que si le sieur de Barbot de Pleinefelve a paru dans
ces trois actes & dans cet Arrêt, sans y prendre la qualité
de *Noble*, c'est qu'il ne l'avoit pas, qu'elle ne lui étoit pas
due, & qu'il n'avoit jamais osé s'en prévaloir.

RÉPONSE.   Il est vrai que dans les trois actes dont on vient de parler, le sieur de Barbot de Pleinefelve n'a pas expressément
pris la qualité de *Noble* ; il s'est contenté de celles de *sieur
de Pleinefelve*, & d'*ancien Officier d'Infanterie*, honno-
rables l'une & l'autre ; son ambition ne lui suggera pas dans
ce moment de prendre d'autres titres.

A l'égard de l'Arrêt, la rédaction du dispositif, & des
qualités que les Parties y ont prises, est l'ouvrage des Procureurs de ces mêmes Parties, qui étoient alors absentes,
& qui s'étant arrangées, avoient donné pouvoir à leurs

Défenseurs de passer un Arrêt d'expédient ; cela est justifié par la transaction passée entr'elles & que nous avons rapportées.

De quelque maniere qu'on envisage ces trois actes, & cet Arrêt, on ne peut jamais y découvrir qu'une omission de qualité qui n'a point d'effet ; de laquelle les Adversaires peuvent d'autant moins conclure, que le sieur de Barbot de Pleineselve n'est pas Noble, & qu'il n'a jamais osé en prendre la qualité, que cette assertion est démentie par une foule d'acte que nous avons rapportés, dans lesquels il a constamment pris & reçu indifféremment les qualités de *Noble* & d'*Ecuyer*, soit avant, soit depuis la contestation actuelle. C'est ainsi qu'il a été qualifié dans un contrat d'échange par lui fait le 8 Janvier 1748, avec Jean Cabirot : dans un acte de vente consentie à son profit, le 2 Août 1749 : dans un échange passé entre lui & le nommé Gaude, le 2 Août 1754 : Dans une quittance qui lui a été donnée le 29 Octobre de la même année, par le Receveur des Domaines du Roi : Dans une Requête qu'il a présentée le 3 Décembre suivant, à M. l'Intendant de Bordeaux : Dans un échange passé entre lui & Jean Goujon, le 26 Juillet 1755 : Dans une vente consentie en sa faveur le 20 Juin 1757, par le sieur Cazy Majou : Dans une Sentence arbitrale rendue entre lui & le sieur Chambaut, le 24 Août 1758 : Dans une Sentence rendue à son profit, le 19 Juillet 1760, à la Maîtrise particuliere des Eaux & Forêts de Bordeaux : Dans une sommation qu'il a fait faire le 30 Août 1760, pour le soulagement de ses Métayers aux habitans de la paroisse de Montaigue : Dans une autre sommation par lui faite le 28 Février 1761 au Procureur fiscal, à l'effet de faire pourvoir un mineur, d'un curateur : Dans une vente par lui consentie le 30 Juin suivant, au profit du sieur Lemoine, Président à Libourne : Dans une déclaration de dépens où il lui a été adjugé en qualité de Gentillomme, six livres pour chaque jour de voyage, & cinq livres pour chaque jour de résidence : Dans un Procès-verbal d'Enquête qu'il a fait faire le 2 Mars de la même année devant le Lieutenant - Général de Libourne : Dans une Ordonnance qui lui avoit été accordée par le même Lieutenant-Général, le 7 Février précédent, portant permiſſion de faire aſſigner : Dans une Sentence par défaut rendue dans le même Siége, le 9 Mars 1761 : Dans différentes piéces de procédures inſtruites devant le Juge de Libourne : Enfin dans une lettre qui lui a été écrite le 15 Juin 1771 par M. l'Intendant de Bordeaux.

Si le ſieur de Barbot de Pleineſelve, ne rapporte pas un plus grand nombre d'actes, où il a pris les qualités de *Noble* & d'*Ecuyer*, ce n'eſt pas qu'il ne le puiſſe ; mais comme il ne pourroit s'en procurer des expéditions qu'à très-grand frais, il a cru devoir s'en diſpenſer, & ſe renfermer dans les piéces dont il étoit ſaiſi, & que nous venons de détailler.

Juſqu'à préſent les ſieurs de Barbot n'ont défendu leur Nobleſſe dans ce Mémoire, que par des preuves propres & particulieres à chacune des générations, ils vont l'appuyer ici d'une autre preuve qui ſe trouve commune à toutes ces générations, & qui doit faire la plus grande impreſſion dans les eſprits. Tous les Barbot depuis Joſeph, ſouche primitive, juſqu'aux Expoſants, ce qui comprend ſept générations, ont poſſédé des Fiefs, & même des Terres titrées, & en ont porté les noms ; jamais aucun droit de franc-fief ne leur en a été demandé ; ils n'en ont jamais payé d'aucune eſpece : Quelle plus forte preuve de leur Nobleſſe ! Les Prépoſés du Domaine peuvent bien quelquefois oublier dans leurs recherches un poſſeſſeur de Fief, il ſe ſera caché, ou à la faveur de quelque ſurpriſe, il ſe ſera ſouſtrait à la claſſe des Roturiers inquiétés ; mais ſept générations conſécutives auront-elles eu le même avantage ? La raiſon ne permet pas qn'on le préſume : il faudroit cependant aller juſqu'là, pour pouvoir penſer qu'une exemption auſſi longue & auſſi ſuivie

du droit de franc fief, dont le paiement eſt une marque
infaillible de roture, ne forme pas une preuve inconteſtable de Nobleſſe. Les Adverſaires n'ont pas oſé répondre à
ce moyen triomphant ; circonſtance qui lui communique
une nouvelle force. C'eſt auſſi en vertu de cette Nobleſſe
ſi bien conſtatée & ſi bien connue, que pour le paiement
du dixiéme, les Expoſants ne ſont inſcrits, & ne l'ont
jamais été, que ſur le rôle des Nobles de la Province ;
c'eſt ce qui ſe trouve juſtifié par le certificat qu'ils en rapportent.

RÉCAPITULATION.

Les Expoſans peuvent donc ſe flatter d'avoir prouvé
d'une maniere indubitable, l'exiſtence de leur Nobleſſe : ils
l'ont établie par les circonſtance de ſon principe & de ſa
ſource, & par celles de ſa tranſmiſſion : ſa ſource eſt pure ;
le premier homme connu dans la ligne directe des Barbot,
celui qui dans ce moment forme la ſouche primitive de
cette famille, étoit il y a plus de 260 ans., un Gentilhomme qualifié tel évidemment deſcendu lui-même d'une
nobleſſe encore plus ancienne, & dont l'origine ſe perd dans
la nuit des tems : il réuniſſoit dans ſa perſonne, deux caracteres que les Ordonnances déſirent le plus dans les
Nobles, l'Etat Militaire, & la poſſeſſion des Fiefs. Il
réſulte de-là qu'on ne peut oppoſer aux Expoſans, aucune
ſorte d'origine roturiere ; que conſéquemment leur poſſeſſion
leur tient lieu de titres, indépendamment de tous ceux
qu'ils réuniſſent.

Cette poſſeſſion s'eſt tranſmiſe juſqu'à eux, par toutes
les générations qui ont formé leur Généalogie ; chacune
des perſonnes dont elle eſt compoſé, ſur-tout dans la ligne directe dont il doit ſeulement être queſtion ici, a toujours conſervé la qualité de Noble avec une conduite auſſi
pure qu'elle. Les Adverſaires n'ont pas oſé conteſter la
filiation des Expoſans ou leur deſcendance en ligne directe

de la souche primitive; ils n'ont pas ofé dénier qu'à chaque génération, les ayeux des Expofans n'aient tous pris dans leur contrat de mariage, comme dans une multitude d'autres actes, les qualités de *Meffires*, de *Barons*, de *Nobles* & d'*Ecuyers*; on doit conclure de-là que la nobleffe des Expofans, eft une nobleffe ancienne, de race & d'extraction.

Tout le monde fçait qu'autrefois deux générations fuffifoient pour acquérir la Nobleffe de race; les Expofans réuniffent fept générations fucceffives & immédiates. Aujourd'hui la poffeffion de cent ans, eft néceffaire pour former cette nobleffe d'extraction: la poffeffion des Expofans eft de plus de 260 ans; elle fe reporte à 1510 qui eft la première époque connue, mais elle en indi que une infiniment plus reculée encore.

GRANDE DIRECTION.

Monfieur **DE LA PORTE DE MESLAY**, *Maître des Requêtes, Rapporteur.*

M^e. BELLOUMEAU, Avocat.

De l'Imprimerie de la veuve D'HOURY, Imp. Lib. de Mgr. le Duc D'ORLEANS & de Mgr. le Duc DE CHARTRES, rue S. Severin.

...GIE BARBOT.

PIERRE DE BARBOT, Ecuyer, Enseigne dans une Compagnie du Seigneur de Tarride, prouvé par un titre du 14 Mars 1550, qui est produit: mort sans enfant.

ROMAIN DE BARBOT, Commandeur, Chanoine & Aumonier du Chapitre de S. Emillion, assista au Concile de Bordeaux, tenu l'an 1624 où il avoit été appellé; il a pris les...

Messire JEAN DE BARBOT, Ecuyer, Président honoraire en la Cour des Aydes de Guyenne, & de l'Académie des Belles-Lettres, mort le 16 Septembre 1771 sans avoir été marié.

PIERRE DE BARBOT DE PLAINESELVE, Ecuyer, Seigneur de la Maison noble de Montblanc, ancien Officier d'Infanterie, Partie au Pro...

JEAN-BAPTISTE DE BARBOT, Ecuyer, ancien Garde du Corps du Roi, Partie au Procès, marié à Demoiselle Marie Omes...

GÉNÉALOGIE
DE MESSIEURS DE BARBOT.

Noble JOSEPH DE BARBOT, Ecuyer, Seigneur de Petruault, Capitaine Commandant au Légion de Picardie, marié avec MARGUERITE DE LAVERGNE, fit son Testament au service du Roi le 20 Mars 1510: ce Testament est produit.

Noble ROBERT DE BARBOT, Ecuyer, Seigneur de Saint-George & de Petruault, marié à Catherine de Guillebault: son contrat de mariage, du 13 Novembre 1519, est produit.

Genuit. . . . . . PIERRE DE BARBOT, Ecuyer, Enseigne dans une Compagnie du Seigneur de Tarride, prouvé par un titre du 14 Mars 1550, qui est produit: mort sans enfant.

MARGUERITE DE BARBOT, mariée à JEAN DURAND; son contrat de mariage, du 11 Av. 1605, est produit. Elle est qualifiée de *Demoiselle*, fille de noble Jean de Barbot.

Genuit. . . . . . Noble JEAN DE BARBOT, Ecuyer, Seigneur de Saint-George & de Petruault, marié à Renée Jaumart: son contrat de mariage, du 30 Mars 1570 est produit.

Genuit. . . . . . ROMAIN DE BARBOT, Commandeur, Chanoine & Aumonier du Chapitre de S. Emillion, assista au Concile de Bordeaux, tenu l'an 1624 où il avoit été appellé; il a pris les qualités de Noble & d'Ecuyer dans différens actes qui sont produits.

Messire JEAN DE BARBOT, Ecuyer, Baron de Saint-George & de Petruault, marié deux fois, la premiere avec Françoise de Mercier, le 10 Mars 1611, & la seconde fois avec Marie de Boireau, le 10 Août 1630: ces deux contrats de mariage sont produits.

Genuit: Provenue du 2e. mariage. ANNE DE BARBOT, mariée à Mathurin de Labayme: son contrat de mariage, du 23 Février 1658, est produit. Elle y est qualifiée de *Demoiselle*, fille de noble Jean de Barbot, Baron de Saint-George & Seigneur de Petruault.

PIERRE DE BARBOT, Chanoine & Aumonier du Chapitre de Saint-Emillion, qui a pris les qualités de Noble & d'Ecuyer dans différens actes qui sont produits.

LOUISE DE BARBOT, Religieuse au Paravis, Abbaye de Fontevrault, dont l'institution ne permet de recevoir que des Demoiselles de condition: elle n'y seroit point entrée si elle n'eut fait preuve de sa Noblesse: les actes de son entrée en Religion, des 14 Nov. 1657 & 1er. Nov. 1659, sont produits.

Genuit: Provenu du 1er. mariage.

Genuit: Provenu du 2e. mariage.

Genuit: Provenu du 2e. mariage.

Noble JEAN DE BARBOT, Ecuyer, Baron de Saint-George & de Petruault, élu Jurat de Bordeaux, marié à Jeanne de la Broue. Son contrat de mariage, du 29 Juin 1641, est produit.

Messire PIERRE DE BARBOT DE GOUIONVILLE, provenu du second mariage avec la Demoiselle de Boireau, marié à Isabeau de Richon: son contrat de mariage, du 5 Janvier 1667, est produit.

Noble DENIS-ROMAIN DE BARBOT, Seigneur de Landegrand.

MARIE DE BARBOT, mariée à Etienne de Berthomieu. Son contrat de mariage, du 4 Mai 1663, est produit. Elle y est qualifiée de *Demoiselle*, fille de noble Jean de Barbot, Baron de Saint George & Seigneur de Petruault.

Messire ROMAIN DE BARBOT, Ecuyer, Baron de S. George, Seigneur de Petruault, Président en la Cour des Aydes de Guyenne, marié à la sœur de M. de l'Eglise, Conseiller au Parlement.

Genuit.

JEAN DE BARBOT DE FONBONNE, Ecuyer, marié à Marie de Richon: son contrat de mariage, du 12 Décemb. 1716, est produit.

Genuit. Messire JEAN DE BARBOT, Ecuyer, Président honoraire en la Cour des Aydes de Guyenne, & de l'Académie des Belles-Lettres, mort le 16 Septembre 1771 sans avoir été marié.

Genuit.

PIERRE DE BARBOT DE PLAINESELVE, Ecuyer, Seigneur de la Maison noble de Montblanc, ancien Officier d'Infanterie, Partie au Procès.

JEAN-BAPTISTE DE BARBOT, Ecuyer, ancien Garde du Corps du Roi, Partie au Procès, marié à Demoiselle Marie Ornes